高等院校电子商务
职业细分化创新型规划教材

U0692152

电商运营
项目化教程

调研 平台 策划 数据

陈道志 编著

人民邮电出版社
北京

图书在版编目（CIP）数据

电商运营项目化教程：调研、平台、策划、数据 /
陈道志编著. -- 北京：人民邮电出版社，2018.1（2023.1重印）
高等院校电子商务职业细分化创新型规划教材
ISBN 978-7-115-47405-6

Ⅰ. ①电… Ⅱ. ①陈… Ⅲ. ①电子商务－商业经营－
高等学校－教材 Ⅳ. ①F713.365.2

中国版本图书馆CIP数据核字(2017)第298727号

内 容 提 要

这是一本整合市场调研、网络营销、数据统计与分析等传统电子商务分项运营技能的综合训练教材，主要内容包括调研与业务规划、电商平台选择与部署、网络营销策划与实施、运营数据统计与分析。

本书每个项目都融入大量实操任务，并且对实操任务进行详细讲解，反复强化"理论围绕实操，实操深化理论，真实掌握技能"的成书理念，希望能为读者提供有效帮助。

本书可作为应用型本科院校及职业院校电子商务课程的教学用书，也可供相关从业人员和对电子商务感兴趣的人员学习和参考。

◆ 编　著　陈道志
　　责任编辑　古显义
　　责任印制　马振武
◆ 人民邮电出版社出版发行　　北京市丰台区成寿寺路 11 号
　　邮编　100164　　电子邮件　315@ptpress.com.cn
　　网址　http://www.ptpress.com.cn
　　北京虎彩文化传播有限公司印刷
◆ 开本：700×1000　1/16
　　印张：10　　　　　　　　　2018 年 1 月第 1 版
　　字数：254 千字　　　　　　2023 年 1 月北京第 7 次印刷

定价：32.00 元

读者服务热线：(010)81055256　印装质量热线：(010)81055316
反盗版热线：(010)81055315
广告经营许可证：京东市监广登字 20170147 号

电商运营是电子商务的关键业务活动，是应用型本科和高职院校电商专业的核心专业课程。当前关于电商运营的教材大部分都是依托某个特定的电商平台组织编写的，其中以阿里系平台为对象的占绝大多数，大部分内容包括货源寻找、宝贝分类上传、店铺个性化装修、宝贝描述页设计制作、店内营销活动创建、移动店铺开设、淘宝站内推广与站外引流、会员营销，以及数据化运营等，这样的教材实战性很强，但限制于某一特定平台，有一定局限性。本书希望跳出某一具体平台的限制，真正从电商运营的职业能力出发，通过构建学习型项目来组织整个电商运营的内容体系，即从企业实际的电商运营工作任务出发，针对电商运营岗位提取电商运营职业能力，在此基础上构建符合教学目标需要的教学项目和典型工作任务。

按照以上思路，本书设计了四个教学型典型工作项目，项目一是"调研与业务规划"，其包含的子任务是市场调研、业务规划；项目二是"电商平台选择与部署"，其包含的子任务是平台调研、平台选择与部署；项目三是"网络营销策划与实施"，其包含的子任务是网络推广策划与实施、营销活动策划与实施；项目四是"运营数据统计与分析"，其包含的子任务是数据采集方案的制定与实施、数据分析与运营调整。这四个项目本身具有较强的逻辑关系，符合电商运营工作流程，即"业务规划→平台部署→营销推广→数据总结"。每个项目都由学习目标、项目情景、任务分解、相关知识、同步实训和巩固与提高 6 个部分组成。学习目标部分为读者列出知识目标和能力目标；项目情景部分给出具体的项目背景及工作整体要求；任务分解部分将项目实施分解成几个典型的工作任务，阐述其工作过程；相关知识部分给出完成该项目必备的知识；同步实训部分给出读者需要完成的实训安排和考核评价；巩固与提高部分通过习题进一步强化读者对项目工作内容和相关知识的掌握。

本书以一个完整的 B2C 电商项目运营为载体，把整个电商运营的职业能力分解到四个连贯的项目任务中，同时将整个课程的知识和素质学习内容嵌套在四个典型工作项目中。这样设计可以做到以一个实际的项目为主线，将电商运营教学演变为一个

FOREWORD

连贯的、可实际操作的业务训练。通过电商运营项目化教程的学习和训练，读者不仅能够掌握电商运营的知识，而且能够掌握电商运营的整体工作流程及具体工作过程，满足电商运营岗位人员对电商运营知识、能力和素质的要求。

本书可以作为应用型本科、职业院校电子商务专业电商运营课程或相关课程的参考教材，其参考学时为 52 学时，建议采用理论实践一体化教学模式，各项目的参考学时见下面的学时分配表。本书也可以作为实训教材使用，使用时需增加学生训练课时，建议实训学时为 144 学时，具体实训课程学时分配可以参照学时分配表中括号内的学时。本书还可作为电商培训机构相关课程的培训教材。

学时分配表

项　目	课 程 内 容	学　时
	课程说明	4（4）
项目一	调研与业务规划	8（24）
项目二	电商平台选择与部署	8（24）
项目三	网络营销策划与实施	16（48）
项目四	运营数据统计与分析	12（40）
	课程考评	4（4）
课时总计		52（144）

本书是北京联合大学产学合作规划教材建设项目成果，由高等学校教师和企业资深运营人员共同组织编写。感谢北京联合大学徐唐、首都体育学院邓琦琦、北京博导前程信息技术股份有限公司创业导师席建辉、北京中鸿网略信息技术有限公司总经理崔华楠及北京博导前程信息技术股份有限公司项目经理李祯、赵欣、张乐天等为本书的编写做出的贡献。

由于编者水平和经验有限，书中难免有欠妥之处，恳请读者批评指正。

编　者
2017 年 8 月

目录 —— CONTENTS

CONTENTS

01 项目一
调研与业务规划

企业的经营和发展离不开市场调研与业务规划，市场调研是企业经营发展的理论基础，业务规划是企业在经营发展中一系列相关工作的导向，市场调研与业务规划对于企业经营和发展有一定的重要性及现实意义。

通过本项目的学习，读者可以掌握市场调研与业务规划的基本思路、核心内容及操作方法。

【学习目标】

知识目标

1. 熟悉市场调研的基本思路；
2. 了解市场调研的方法；
3. 了解市场调研和业务规划对企业的重要性。

能力目标

1. 能够完成市场调研；
2. 能够撰写市场调研报告；
3. 能够完成企业的市场分析；
4. 能够根据调研结果，合理规划企业业务。

【项目情景】

陕西某软香酥公司成立于 1998 年，是一家集食品研制开发、生产经营于一体的大型食品企业，其主要产品软香酥是其自主研发的创新产品，国内独家生产，口感香酥，内馅甜糯，深受陕西本地消费者的喜爱。在陕西本地，该产品既是传统礼品，又是时尚月饼，亦是美味特色早餐，曾被评为"中国名优产品"，被陕西省人民政府评为"陕西名牌"。

该软香酥公司的运营人员并没有因为企业的可喜成绩而骄傲自满，安于现状。相反他们不仅具有敏锐的市场洞察力，而且具有长远的眼光，在发觉国内国外电商行业发展迅猛，企业将面临日益严酷的经营形势时，他们决定提前进行风险控制，采取措施应对市场变化。制订科学合理、具有可行性的风险应对计划，首先需要对电商市场进行调研，掌握行业电商市场现状，明确企业进行电商业务拓展的必要性及电商业务拓展方向，其次要进行企业自身经营分析，最后根据分析结果调整企业业务布局，规划业务发展，以确保企业能够继续保持良好的发展态势，并能够不断加大市场开拓力度，扩大市场份额，为企业后续发展奠定坚实的基础。

模块一　任务分解

任务一　市场调研

一、市场调研内容

（一）电商市场调研

该软香酥公司运营人员综合企业发展战略的前瞻性、全局性、长远性等特征后决定，本次电商市场调研，主要针对全球零售电子商务市场现状开展。

该软香酥公司运营人员利用互联网和相关书籍，通过搜集、整理、分析国内外零售电子商务平台的相关资料获知，国内网购消费者认可的并有一定知名度的国内和国外零售电子商务平台分别有：国内的淘宝网、天猫商城、京东商城等（淘宝网、天猫商城、京东商城都属于综合性购物网站，其中淘宝网和天猫商城隶属于阿里巴巴集团）；美国的亚马逊、eBay、沃尔玛等（亚马逊是以自营为主、以销售书籍起家的美国最大的综合性购物网站）；德国的 Otto Group（奥托集团）；韩国的 Gmarket；俄罗斯的 Ulmart；法国的 Cdiscount 等。据《互联网零售商》（Internet Retailer）统计分析，2016 年全球零售电商市场份额占比排行前五位的电子商务平台中，中国的阿里巴巴集团以 26.6% 的市场份额排行第一，美国的亚马逊以 13% 的份额排行第二，美国的 eBay 以 4.5% 的份额排在第三，中国的京东商城以 3.8% 的份额排在第四，如图 1-1 所示。

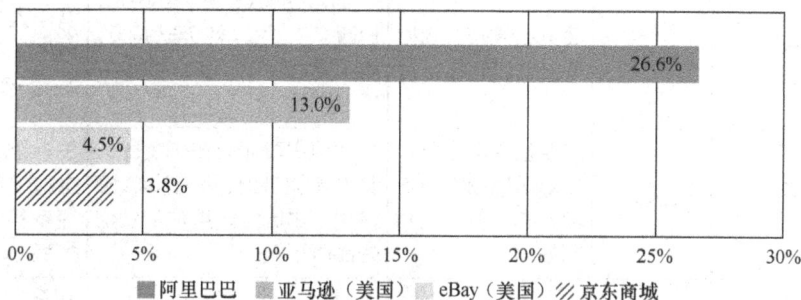

图 1-1　2016 年全球电商市场份额占比排行榜

　　数据还指出，全球的电子商务市场庞大，而且正在不断快速增长，2016 年全球消费者的电商零售支出达到了 1.74 万亿美元，过去三年每年的平均增长速度约为 20%。而在国内零售电商市场，阿里巴巴集团以 78.5% 的市场份额占据着主导地位，其不仅有庞大的网购消费者基础和良好的口碑，而且近年来，阿里巴巴集团以电商为核心，不断衍生的业务已经涵盖了大数据、教育、社交、旅游等各个领域，促使其消费者基数仍保持不断增长。京东商城也凭借自营模式及物流优势在国内零售电商市场快速崛起，与阿里巴巴一样，在国内网购消费者中有较高的认可度。

　　了解了全球电商市场现状后，为精准定位自身企业电商业务的拓展方向，该软香酥公司运营人员又对全球零售电商市场中排行前四名的电商公司阿里巴巴、亚马逊、eBay、京东商城进行了深度调研，调研内容主要为电商平台的运营模式、受众特征及卖家类型分析，如表 1-1 所示。

表 1-1　电商平台的运营模式及受众特征分析

电商企业	电商平台	平台特征	受众特征	卖家类型
阿里巴巴	淘宝网	基于 C2C、团购、分销、拍卖等多种电商模式的综合性网购零售平台	主要用户群体集中在国内，用户基数庞大，年龄分布集中在 18～35 岁，用户消费注重物美价廉	集合个人、企业、品牌等多种卖家类型
	天猫商城	综合性 B2C 网购平台	主要用户群体集中在国内，与淘宝网共享用户源，一二线城市居多，用户购买能力强，注重品质和服务	主要是品牌商和生产商

电商企业	电商平台	平台特征	受众特征	卖家类型
阿里巴巴	速卖通	面向全球的 B2C 模式在线交易平台	主要用户群体分布于俄罗斯、巴西、乌克兰，学生群体居多，购买能力不强，用户消费偏好物美价廉	以个人卖家为主，部分为生产商
亚马逊（美国）	亚马逊	集合亚马逊自营、C2C 和 B2C 电商模式的百货类购物网站	主要用户群体分布于美国，其次是加拿大、英国等，国内用户占比少，用户消费偏好品质和服务	集合个人、企业、品牌等多种卖家类型
eBay（美国）	eBay	集合 C2C 和 B2C 模式的国际贸易综合性电子商务平台	主要用户群体分布于欧洲国家，覆盖各个年龄层及收入阶层	集合个人、企业、品牌等多种卖家类型
京东	京东商城	集合京东自营、B2C 开放平台组成的综合性购物网站	国内的用户数量仅次于天猫，年龄分布集中在 20～35 岁，用户购买能力强，消费偏好品质、服务和物流时效	B2C 开放平台以企业店铺为主

从表中数据可以看出，亚马逊、eBay 等国外电商平台虽然在全球电子商务市场份额占比中处于领先的位置，但是它们在中国的用户数量较少，中国本土电商平台更受中国用户青睐。从表中还可以看出，中国本土不同电商平台的运营模式及卖家类型也存在差异。

（二）企业经营分析

所谓"知己知彼，百战不殆"，该软香酥公司运营人员在调研了全球电商市场现状及领先的电商平台运营模式、用户特征及卖家类型这些外部营销环境后，紧接着对企业自身情况进行了调查研究。这次调研主要从影响企业经营发展的关键因素即市场环境、竞争对手及消费者这三方面进行，以实现市场调研的目的，明确企业进行电商业务拓展的必要性及电商业务拓展方向。

1. 市场环境

糕点是我国的传统食品，它不仅是人们逢年过节走亲访友热衷携带的礼品，还是人们日常消遣的休闲食品，在食品市场的占有率极高。但是近年来，随着全球电子商务的高速发展，电子商务正逐渐成为交易方式的主流，这给传统食品行业带来了巨大冲击，传统食品行业营收下降，食品网购市场份额日趋上升。据中粮集团统计，2013

年以来，我国电商食品交易呈现快速飙升趋势。2013 年，我国食品电子商务总交易金额达 324 亿元，同比增长 47.9%，网购食品在网购市场总交易额的占比提升到了 2.5%。另据广西电商行业协会专业人士介绍，2014 年中国食品电商总交易金额达 505 亿元，同比增长 55.9%；2016 年电子商务交易额已经超过 20 万亿元，其中食品电商交易额逼近 700 亿元。中国食品电商交易额保持逐年增长的趋势，年均增长率超过 45%。国内网购食品用户规模已经超过 7000 万人，其中，女性占比约 57%，男性占比约 43%。这些数据正好印证了前瞻网 2014 年对食品行业电商交易数据的预测，如图 1-2 所示。中国产业调研网发布的《2016—2020 年中国食品电子商务行业发展研究分析与市场前景预测报告》认为，我国食品电子商务仍处于发展的初级阶段，随着我国居民生活方式与消费方式的转变，食品电商的前景广阔。由此可见，我国食品行业的电子商务市场空间十分广阔，网购食品潜在用户数量庞大。

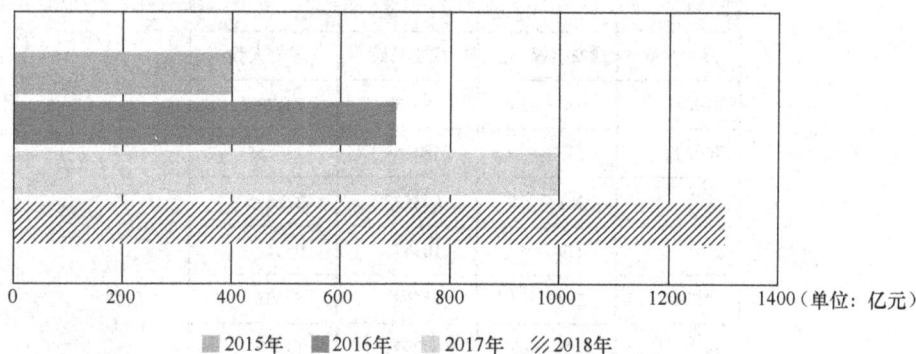

■ 2015年 ■ 2016年 ▨ 2017年 ▧ 2018年

图 1-2 2015—2018 年食品行业电商交易额预测图

2. 竞争对手分析

在陕西当地传统食品企业中，该软香酥公司的竞争对手有米旗、安琪和御品轩。该软香酥公司和运营人员结合企业多年在国内传统糕点食品行业的经营经验和对行业的了解，分析认为米旗、安琪、御品轩的竞争优势在于，它们在糕点行业起步早，在传统糕点食品行业经营经验丰富，知名度高，消费者认可度高，产品多样，产品定价符合大众消费水平。在这三家企业中，米旗和御品轩均已拓展了电商业务，在天猫平台开设了品牌旗舰店。该软香酥公司运营人员通过对这三家竞争对手的进一步分析发现，这些企业的产品中与本公司核心产品相似的酥皮类糕点并不是其核心产品，且单就酥皮类糕点的销量对比，某销量低于本公司的核心产品软香酥。

在国内糕点电商市场，该软香酥公司的竞争对手有稻香村、五芳斋、华美、利口福和嘉华等，这些企业已经在糕点电商市场处于领先地位，据亿邦动力数据调查显示，2015年9月天猫糕点热销品牌销售额排行榜中，第一名稻香村的销售额为6469万元，五芳斋以2822万元的销售额排名第二位，华美排名第三，如图1-3所示。这些企业与该软香酥公司对比，最大的不同在于产品品类繁杂，属于多类目产品，而该软香酥公司产品品类单一，属于单类目产品。单类目产品策略的优点是企业可以集中力量塑造一个品牌，还可以根据产品规格、口味、包装的不同成为不同定位的产品，以满足细分市场用户的消费需求。该软香酥公司运营人员通过多类目产品策略与单类目产品策略的优劣势对比，更加清楚了本企业的竞争优势，如表1-2所示。

天猫糕点热销品牌排行榜			
品牌名称	成交金额（元）	成交品数	成交人数
稻香村	64697436	1557329	724737
五芳斋	28224335	584564	326752
华美	26183996	643533	277845
美心	22979048	104877	65811
利口福	21842534	185643	82302
嘉华	18870403	677971	149091
友臣	14833813	409877	281781
港荣	14511038	413911	267446
金九	12290265	89901	46981
苟庆和	10322947	576561	292658

图1-3　2015年9月天猫糕点类品牌销售排行榜

表1-2　单类目产品策略与多类目产品策略优劣对比

类目经营	单类目经营	多类目经营
优势	1. 流量精准 2. 易深度挖掘产品价值 3. 便于用户管理，有针对性地进行营销活动	1. 产品库存量单位（Stock Keeping Unit, SKU）多，多个关键词引流能力更强 2. 品类多，易提高客单价 3. 用户覆盖范围广

类目经营	单类目经营	多类目经营
劣势	1. 搜索关键词单一，引流能力不够 2. 用户覆盖范围小	1. 资金流压力大 2. 库存多、仓库压力大

3. 消费者分析

在企业自身市场分析中，消费者分析的目的及意义是挖掘目标群体需求，为企业的营销方向提供导向，企业需根据消费者需求的变化，及时调整营销方向，以保持或获得市场竞争优势。企业也可以通过分析消费者特征，对现有的产品营销策略进行符合消费者需求的相应调整，以满足消费者不断变化的需求，延长产品生命周期，实现产品利益最大化。

该软香酥公司运营人员通过对企业多年的销售数据整理、分析、总结得出，软香酥产品的销售周期较短，在陕西省，该公司核心产品软香酥是传统佳节里最受用户欢迎的礼品之一，节日期间产品的销售额是年销售额的主要构成，虽然软香酥产品属于消耗品，但在节日外的时间，销量不尽如人意，具有应季性特点。同时，该软香酥公司运营人员对糕点网购用户特征进行了深入分析，分析内容主要包括消费者地域分布、年龄阶段、性别比例、购物喜好等几方面。利用数据统计分析平台百度指数，通过对关键词糕点、点心进行搜索分析得到图1-4所示的结果。从图中可以看到，20～39岁年龄阶段占比最高。

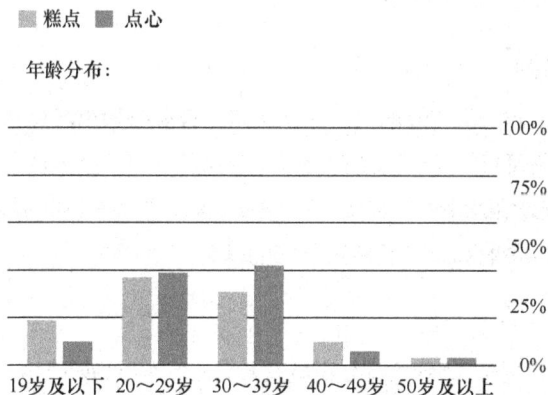

图1-4　糕点、点心百度搜索年龄分布

二、市场调研报告

通过前文中的市场调研可以得知，为开拓市场，保持公司竞争力，该软香酥公司有必要开拓电商业务，且应把电商业务拓展方向定位到国内市场。有了这一结论，某软香酥运营人员开始撰写书面总结即市场调研报告，以便为后续业务规划工作提供有力的依据。如果说市场调研是为了提高产品的销售决策质量、解决产品销售中的问题或寻找机会系统、客观地识别、收集、分析和传播营销信息，那么市场调研报告则是对整个市场调研工作进行全面、详尽的梳理和总结，为以后类似工作提供借鉴。

市场调研报告的核心是实事求是地反映和分析客观事实，撰写调研报告的基本要求有以下几点。一是注重事实，调研报告的基础是客观事实，一切分析研究都必须建立在事实的基础上，确凿的事实是调研报告的价值所在。调研报告中涉及的时间、地点、事件经过、背景介绍、资料引用等都要求准确真实。只有用事实说话，才能提供解决问题的经验和方法，研究的结论才能有说服力。如果调研报告失去了真实性，那么也就失去了它赖以存在的科学价值和应用价值。二是论理性，调研报告的主要内容是事实，主要的表现方法是叙述，但调研报告的目的是从这些事实中概括出观点。因此需要把调研得到的事实加以分析综合，进而提炼出观点。三是语言简洁、准确、易懂，由于调研报告涉及可读性问题，因此撰写调研报告时应避免冗长、乏味、呆板的语言，可以使用恰当、生动活泼、通俗易懂的语言，这样更能表达清楚观点。由于本次调研报告主要作为该软香酥公司内部业务规划的参阅资料，所以运营人员主要从调研目的、调研方法、调研内容、调研结果四方面撰写报告。撰写时以通俗易懂、陈述问题、表明观点为主，以方便公司内部阅览。

（一）调研目的

明确的目的是调研工作的前提。在本次该软香酥公司市场运营人员进行的市场调研中，主要的调研目的是明确企业进行电商业务拓展的必要性及电商业务拓展方向，以确保企业能够继续保持当前良好的发展态势，并能够不断加大市场开拓力度，扩大市场份额，为企业后续发展奠定坚实的基础。

（二）调研方法

调研方法多种多样，该软香酥公司运营人员在本次市场调研中，运用了文案调研法，利用互联网以及相关书籍对现有电商市场及电商平台资料进行收集、整理和分析，得到相关数据。

（三）调研内容

调研内容是围绕调研目的开展的一系列相关的调研工作。该软香酥公司运营人员在明确了调研目的后，开展了本次市场调研工作，主要的调研内容是探究国内外零售电商市场行情、电商平台发展趋势和企业在经营发展中遇到的问题。

对上文市场调研内容进行总结分析，从电商市场行情中可以得知，国外电商平台中国用户较少，中国用户主要集中在国内电商平台。从市场环境分析中可以得知，食品电商市场前景广阔，潜在用户数量庞大，拓展电商业务，进入食品电商市场，不但能扩大企业用户群，提高企业竞争力，同时还能提高产品销量，增加企业收益，从而使公司得以长久经营发展。从竞争对手分析中可以看出，竞争企业已进军电商市场，与竞争企业相比，本企业经营实力较弱，但在核心产品上仍然有竞争优势。从消费者分析中可以得知，公司核心产品软香酥在陕西省的销量很好，但公司需要加强传统节日以外时间对产品的推广力度。如图1-4所示，公司应迎合当今时代用户的消费习惯，开拓电商业务，挖掘潜在市场，所以企业拓展电商业务是长久经营的必然选择。无论国外市场还是国内市场，用户口味都存在地域性差异，公司核心产品软香酥是具有陕西特色的地域性产品，产品口味偏甜，定位电商拓展方向时，需要考虑地域性用户口味偏好，国内市场更易于运营人员对用户口味偏好的把控，加之公司自身也未触及过电商行业，电商运营经验欠缺，为提高公司电商业务的成功率，该软香酥公司运营人员认为公司应先拓展国内电商市场，国内电商平台不论在语言、系统操作或活动促销方面都更适合国内企业经营发展，且国内电商平台更易于企业工作人员的运营。

（四）调研结果

通过此次调研，该软香酥公司运营人员认为，结合企业在国内传统零售市场的经营经验，公司电商业务拓展方向定位为国内电商市场可行性更强，成功率更高。因此，本次调研结果为该软香酥公司需要拓展电商业务，且应将企业后期电商业务定位到国内电商平台。

任务二　业务规划

一、业务现状概况

调研是业务规划的前提，前面对国内外零售电商市场及电商平台进行了全面的调研，这里从产品特点、营销推广、业务规模及企业组织架构分析该软香酥公司的业务现状，从而发现公司业务发展需要解决的问题，以便更好地找准电商市场切入点，合理有效地规划业务发展。

（一）产品方面

该公司目前产品种类少，核心产品为软香酥系列传统糕点，如图 1-5 所示，其他产品还有黄酒、石榴汁、月饼、绿豆饼、糕点馅料等。

软香酥礼盒系列……　　　软香酥铁盒系列……　　　软香酥散装系列……

图 1-5　软香酥系列产品

（二）销售渠道与宣传推广

公司现有的销售渠道为传统商超、自建专营店和特产店等线下实体渠道，主要的销售模式是零售批发，主要销售期集中在国内传统节日中秋节和春节，营销推广手段主要是超市专柜促销、发放传单、本地电视广告等，几乎没有网络推广。

（三）业务规模

该公司目前市场覆盖的地区有陕西、甘肃、辽宁、江苏、山东等，产品的市场占有率和品牌知名度在陕西省糕点食品行业占领先地位，在其他省市都低于陕西市场。

（四）组织架构

企业组织架构是指为实现企业目标，企业全体员工进行分工协作，在职务范围、责任、权利方面形成的结构体系。该软香酥公司属于典型的传统糕点食品企业，生产销售为一体，其组织架构具有传统食品企业组织架构的特点，如图 1-6 所示。

董事长

总经理

副总经理

制造部　　财务部　营销中心

生产厂长　　财务经理　营销总监

生产部　品管部　工程部　采购部　仓储部　综合部　会计　出纳　市场部　销售部

车间主任　品管经理　机修科长　采购经理　仓储主管　行政主管

班长　组长　封口师傅　封口技工　员工　班长　品管员　机修工　焊工　电工　采购员　班长　仓管员　叉车工　人事文员　行政文员　厨房师傅　保洁员　保安

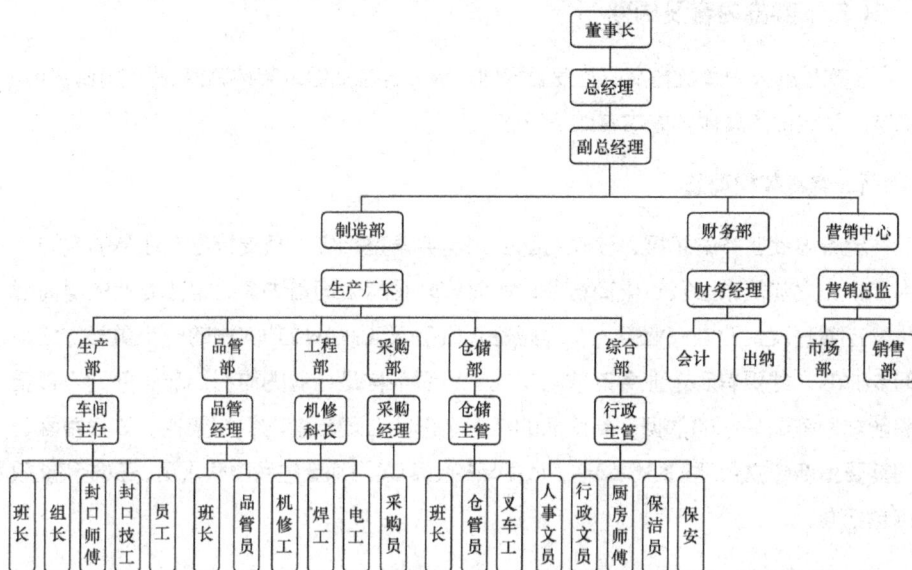

图 1-6　传统食品企业组织架构图

二、业务发展规划

该软香酥公司运营人员在本次调研中强烈地意识到，随着网购食品的趋势化，食品电商行业处于高速发展阶段，越来越多的人关注饮食问题，并且选择在网上购买食品，网购食品成交人数远高于食品行业整体平均水平，并且还在持续增长。国内的糕点市场也处于快速变化的转型期，消费市场的形态将随着经济的发展而出现大幅变动，这将对国内的糕点业产生重大影响，并对传统糕点业造成直接冲击。而传统糕点企业要继续保持竞争优势，使企业在市场竞争中得以长久发展，就必须适应市场发展，适应现代人的消费习惯。结合电商市场调研结果、企业市场分析及企业业务现状回顾，该软香酥公司运营人员最终决定拓展新渠道，展开国内电商业务。为保证公司电商业务的顺利实施，该软香酥公司运营人员从实施目标、实施内容及成果监控三方面制定了电商业务发展规划。

（一）实施目标

该软香酥公司根据企业综合经营实力及在传统糕点行业多年的经营经验，确定了电商业务拓展规划的实施目标是通过电商业务的实施提升企业竞争力，扩大产品的市场份额，提高企业的收益。

11

（二）实施内容及周期

该软香酥公司本次电商业务发展规划实施内容包括组织架构调整、确定电商平台、确定产品定位。具体实施内容如下所述。

1. 组织架构调整

随着电商业务的拓展，该软香酥公司需要调整相应人员支持电商业务的实施，由于企业之前从未触及过电商行业，所以该软香酥公司首先需要组建专业的电商团队，专项开展企业电商业务。合理配置人员是保证业务成功实施的一个重要方面，而专业的人才更有利于业务的成功实施。组织架构是企业的流程运转、部门设置及职能规划等最基本的依据，新团队的组建会影响公司当前的组织架构。该软香酥公司需要重新建立合理的组织架构，依据新的组织架构确定电商团队人员、职能和绩效衡量标准。

2. 确定电商平台

该软香酥公司在确定拓展国内电商市场后，下一步需要选择入驻的电商平台。近些年来，在电商市场迅猛发展的影响下，国内电商平台如雨后春笋般出现。该软香酥公司运营人员在选择电商平台时，需要综合考虑国内电商平台的运营模式、平台优势、公司入驻运营成本和经营风险，确定适合企业入驻的电商平台，为公司电商业务成功拓展奠定良好的基础。

3. 产品定位

该软香酥公司核心产品软香酥属于传统糕点类食品，在线上销售之前，需要根据公司最终选择的电商平台而对产品重新定位，使产品符合电商平台食品网购用户的购物特征。产品定位是电商平台入驻前必不可少的准备工作，包括产品价格、产品口味、产品包装、产品保质期及产品存储。

（三）实施跟进与监控

在业务拓展规划中，业务实施跟进与监控工作必不可少，业务拓展实施跟进保证了业务拓展的时效性，使业务实施内容能够得到高效的落实。对业务拓展实施进行全程监控，可有效减少业务拓展后续风险，提高业务拓展执行效率，有效确保了业务顺利实施。

模块二　相 关 知 识

一、市场调研的含义

市场调研是指为了提高产品的销售决策质量、解决产品销售中的问题或寻找市场机会而系统、客观地识别、收集、分析相关市场信息的工作。

二、市场调研的类型

市场调研既涉及市场营销的各个方面，又运用许多经济学和统计学的方法，因而，可以根据其特性、所使用的方法以及适用的范围进行不同的分类。但市场调研是用来帮助解决特定营销问题的，根据调研的功能或目的来划分可以使我们更好地理解营销问题的性质是如何影响调研方案选择的。根据调研的目的和功能，可以把市场调研分成三种基本类型：探索性调研、描述性调研、因果性调研。

（一）探索性调研

探索性调研是为了界定问题的性质及更好地理解问题的环境而进行的小规模的调研活动。探索性调研特别有助于把一个大而模糊的问题表达为小而精确的子问题以使问题更明确，并识别出需要进一步调研的方向（通常以具体的假设形式出现）。在调研的早期，我们通常对问题缺乏足够的了解，尚未形成具体的假设。如××牌的一次性尿布市场份额比去年下降了，为什么？企业也不能确定，是经济衰退的影响、广告支出的减少、销售代理效率低，还是消费者的习惯改变了？显然，可能的原因很多，企业无法一一查知，只好用探索性调研来寻求最可能的原因，如从一些用户及代理商处收集资料，从中发现问题。假设试探性的解释是××牌是经济型尿布，起初是为了与低成本的品牌竞争，而现在有小孩的家庭比这个品牌刚上市时更有钱，并愿意花更多的钱在高质量的婴儿用品上，这是公司市场份额下降的可能原因，那么"有小孩的家庭有更多的实际收入并在婴儿用品上愿意花更多的钱"就是我们通过探索性调研得到的假设。

探索性调研有时也被用来使调研人员更加熟悉问题，这在调研人员刚接触某类问题时表现得更加明显（如市场调研人员首次为某一公司工作）。它也可用来澄清概念，如

13

管理人员正在考虑服务政策方面将要进行的改变，并希望这种改变能使中间商满意，探索性调研可以用来澄清中间商满意这一概念并发展一种用来测量中间商满意度的适当方法。总之，探索性调研适用于那些我们知之甚少的问题，可以帮助我们更加明确地表达问题并做出假设，使调研人员对问题更加熟悉。

当调研开始时，我们缺乏对问题的了解，探索性调研在增长见识和建立假设方面具有灵活性的特点。调研经验表明，二手资料调研、经验调查、小组座谈和选择性案例分析在探索性调研中特别有用。进行探索性调研最经济、最快速的方法是二手资料调研。二手资料就是那些可以从现有资料中获取的资料，人口统计资料、公开发布的调查、公司的内部记录都是二手资料。经验调查也称为关键人物调查，是通过调查那些熟悉调研对象的人来解决问题的一种方法，被调查者一般不使用概率抽样来抽取，而是根据问题的特点由调查者慎重决定。小组座谈是探索性调研的另一种十分有效的方法，在小组座谈中，一些人坐在一起讨论调研人员感兴趣的课题。选择性案例分析是指选取若干实例或情况，进行广泛调查，并把调查到的情况同调研的具体问题进行比较，以期从案例的分析中得到教训，以帮助决策。

（二）描述性调研

描述性调研正如其名，处理的是总体的描述性特征。描述性调研寻求对"谁""什么""什么时候""哪里"和"怎样"这样一些问题的回答。不像探索性调研，描述性调研是基于对调研问题性质的一些预先理解的。尽管调研人员对问题已经有了一定理解，但对决定行动方案必需的事实性问题做出回答的结论性证据仍需要收集。描述性调研可以满足一系列的调研目标，如描述某类群体的特点，描述不同消费者群体之间在需要、态度、行为、意见等方面的差异，识别行业的市场份额和市场潜力等。

商店经常使用描述性调研以描述他们的顾客在收入、性别、年龄、教育水平等方面的特征，这样的描述并没有给出"为什么会有这样的特征"的解释。描述性调研提供的结果经常用来作为解决营销问题的重要信息，尽管没有对"为什么"给出回答。一家商店从描述性调研中了解到该店的顾客67%是年龄在18~44岁的妇女，并经常带着家人、朋友一起来购物，这种描述性调研提供了一个重要信息，促使商店直接向妇女开展促销活动。一个好的描述性调研需要对调研内容有相当的预备知识，它依靠一个或多个具体的假设，这些假设指导调研按一定的方向进行。在这方面，描述性调研与探索性调研存在着很大的差异，探索性调研比较灵活，而描述性调研比较呆板，描述性调研要求对调研中的"谁""什么""什么时候""为什么"和"怎样"做出明确的回答。

假设一家快餐店开设了一家分店，公司想知道人们是如何惠顾这家分店的。在这个描述性调研开始之前先考虑一下需要回答的问题，惠顾者是谁，是那些进店的人吗？如果他们只是参加开业初的赠送活动而不购买任何东西呢？也许惠顾者应当定义为那些从店里购买东西的人。惠顾者是以家庭为单位定义还是以个人为单位定义？应该测量这些人的什么特点呢？我们是否要测量他们的年龄、性别或他们的居住地点及他们是如何来这里的呢？应当在什么时候去测量他们，是在他们购买时还是购买以后？调研是在开业后的一周内完成还是等业务趋于平稳后进行？当然，如果我们对口碑的影响很感兴趣，那么，我们至少要等到这些影响发生了作用再调研。我们应当在什么地方测量呢，是在店里、店外，还是惠顾者的家里呢？我们为什么要测量他们呢？是用这些资料来制订促销计划还是来决定新分店的位置呢？若是用来制定促销计划的话，我们的重点应放在人们是如何知道这家店的；若是用来决定新分店的位置的话，重点应放在快餐店的商圈上。我们应当如何测量他们，是用问卷询问还是观察他们的行为？如果使用问卷，采取什么形式呢？高度结构性的还是非结构性的？如何来实施，是用电话、邮寄，还是人员访问呢？

这些问题的一些答案已在假设中得到暗示，或者引导描述性调研的假设本身就是一些答案，但另一些则不明显，调研人员只有通过艰苦的思考甚至通过一个小规模的试验性或探索性调研才能说明它们。无论在何种情况下，在描述性调研的"谁""什么""什么时候""哪里""为什么"及"怎样"得到明确的结论之前，调研人员应当延迟收集用来检验假设的第一手资料的时间。

（三）因果性调研

因果性调研属于结论性市场调研的一种，是旨在确定有关事物的因果联系的一类市场调研。事物的发展变化总有一定的因果联系。因果调研的直接目的有两个。一是了解哪些变量是原因性因素，即自变量；哪些变量是结果性因素，即因变量。二是确定原因和结果即自变量和因变量之间相互联系的特征。

因果性调研是调查一个变量是否会引起或决定另一个变量的研究，目的是识别变量间的因果关系。这与前文的描述性调研不同，描述性调研能告诉我们两个变量似乎有某种关系，如收入和销售额、广告花费与知名度，但不能提供合适的证据来证明消费者收入的增加确定引起了销售额的增加，广告投入的增加确定使知名度提高了，这就需要因果性调研来解决。描述性调研在联想或关系上能给出一些思路，可以帮助调研人员在因果性调研中选择变量。例如，没有描述性调研数据，调研人员在考虑销售额时就不知道是否要去研究收入、价格、广告花费或一系列其他变量。而在因果性调研中，一般对要解释的关系有一种期望，如预期价格、包装、广告花费等对销售额有影响。

因果性调研相对比较复杂，它与前文的探索性调研、描述性调研有很大区别。具体主要体现在以下几个方面。

首先，因果性调研的重点是获取数据，使调研人员能够评估两个或多个变量间的"因一果"关系。相比之下，来自于探索性调研和描述性调研的数据，可以使调研人员评估变量间的非因果关系。在调研设计中，几个自变量（X）和一个因变量（Y）的因果关系的概念是指定的关系，这种关系是因果性调研中要被研究的，并表示为"如果X，那么Y"。为了精确推断变量间的因果关系还需要三个基本条件。一是，调研人员必须确立在自变量X和因变量Y之间存在的时间顺序，即变量X（或者X的变动）必须发生在观察到的或测量到的变量Y（或者Y的变动）之前。二是，调研人员必须确立所收集的数据能够证实变量X和变量Y间存在某种有意义的关联。三是，调研人员必须考虑（或控制）除X以外，可能导致变量Y变化的其他所有可能的变量。

其次，因果性调研中实施调研的人员需要在实验中自己精心设计数据收集程序。在这一过程里调研人员要考虑控制表示原因的自变量，并观察（测量）其对因变量的影响，同时控制其他所有的影响变量。探索性调研设计和描述性调研设计则缺少因果性调研的"控制"机制。通常情况下，调研人员使用受控的环境开展调研，在人工设定的环境里，尽量把所有无法控制的其他变量的影响减到最小。

最后，因果性调研的调研问题设计要确定因果关系。在探索性调研设计中，最初的调研问题通常是大致框架，并且将假设的重点放在关联的大小或方向上，而不是因果关系上。以以下案例为例说明非因果假设。

梅西百货公司的商品副总裁关心当前营销策略所带来的收入的减少，制定了如下几个需要回答的问题："梅西百货公司当前的营销策略（商店、产品、服务等）应该改进以增加收入和提高市场占有率吗？""商品的质量、价格和服务质量显著地影响顾客满意度、店内流量模式和商店忠诚度吗？""梅西百货公司应该扩大营销力度而使用移动电子商务选项吗？"

虽然这些问题也是试图对指定变量间关联（或显著关系）的检验，却没有一个问题把重点放在变量之间的因果关系上。因此，调研人员要用探索性调研设计或描述性调研设计。相比之下，针对检验变量间因果关系的问题，重点应放在一个变量对另一个变量的具体影响上。而如果梅西百货的商品副总裁问的问题如下："售后服务策略 A（如商品退回）与售后服务策略 B 交换，能显著提高目前客户的忠诚度吗？""能通过提价 18%，来提高休闲女装生产线的营利能力吗？""把当前鞋子品牌的数量从 8 个减少到 4 个，能显著降低部门的销售量吗？"及"店内全部商品以'买一件，第二件半价'销售，与'八折'销售相比，能更显著提高商店的人流吗？"这些问题就属于对因果关系的探讨，只有通过受控因果性调研设计，才能得到精确的答案。

综合所述，描述性调研仅仅回答了"什么""何时""如何"等问题，因果性调研则进一步回答"为什么"的问题。它涉及事物的本质，即影响事物发展变化的内在原因。公司的管理者更多的是根据事物之间内在的因果联系作出决策的，因而，因果性调研是一种十分重要的市场调研。

三、市场调研方法

市场调研方法有很多种，为了更好地帮助大家去实际应用，概括几种主要的调研方法，如文案调研、实地调研和特殊调研。

（一）文案调研

文案调研主要通过对现有资料进行收集、整理和分析得到相关数据。资料来源主要依靠互联网及相关书籍。对于企业来说，通常是利用其内部和外部现有的各种信息。情报资料文案调研法也称间接调查法、室内调查法或桌面调查法，由确定查询渠道、进行文献检索、实施文献收集、展开文献鉴别、文献的研究与应用五步构成，其优点主要是不受时空限制，信息资料多，信息获得较方便、容易，能够节省时间和精力，调查的费用低，内容比较客观，适宜纵向比较；其缺点是有局限性，无法收集市场的新情况、新问题，不可预见，所收集资料无法直接应用，缺乏直观感、现实感，对调查者能力要求较高。

（二）实地调研

实地调研是相对于案头调研而言的，是对在实地进行市场调研活动的统称。在一些情况下，案头调研无法满足调研目的，收集资料不够及时准确，这时就需要进行实地调研来解决问题，以取得第一手资料和情报，使调研工作有效顺利地开展。实地调研是对第一手资料的调查活动，由调研人员亲自搜集第一手资料。当市场调研人员得不到足够的第二手资料时，就必须收集原始资料。影响调研成败的关键因素是被调查者是否愿意并能够提供所需要的信息。许多调研项目会包括案头调研和实地调研两部分，如一个针对消费者的街头拦截访问，调研员先要通过案头调研掌握消费者的基本特点、竞争品牌的基本状况，然后才能设计合适的访问问卷，再让培训后的访问员在街头实施实地访问。直接面对被调查对象的场景，通常就是实地调研的过程，这里包括在商业区进行街访、在居民家里面对面访问、在会议室举行消费者焦点小组座谈、在商店内实施消费者观察等。在市场调研中，实地调研在街头实施的可能性远大于在其他任何地方。

实地调研很多时候单指在实地进行人员观察，尤其特指针对某个群体的人文侦查，但广义上它的方法有多种，可以是问卷调查法、深度访谈法、邮件调查法和街头拦访等。此外，还可以在调研现场观察并记录消费者的购买行为，以获得相关信息。

1. 问卷调查法

问卷调查法也称为"书面调查法"或"填表法"，是用书面形式间接搜集研究材料的一种调查手段，是通过向调查者发出简明扼要的征询单（表），请求填写对有关问题的意见和建议来间接获得材料和信息的一种方法。按照问卷填答者的不同，问卷调查可分为自填式问卷调查和代填式问卷调查。自填式问卷调查按照问卷传递方式的不同，可分为报刊问卷调查、邮政问卷调查和送发问卷调查；代填式问卷调查按照与被调查者交谈方式的不同，可分为访问问卷调查和电话问卷调查。表 1-3 所示为不同问卷调查方法的利弊总结。

表 1-3　不同问卷调查方式优劣对比

项目	自填式问卷调查			代填式问卷调查	
问卷形式	报刊问卷	邮政问卷	送发问卷	访问问卷	电话问卷
调查范围	很广	较广	窄	较窄	可广可窄
调查对象	难控制和选择，代表性差	有一定控制和选择，但回复问卷的代表性难以估计	可控制和选择，但过于集中	可控制和选择，代表性较强	可控制和选择，代表性较强
影响回答的因素	无法了解、控制和判断	难以了解、控制和判断	有一定了解、控制和判断	便于了解、控制和判断	不太好了解、控制和判断
回复率	很低	较低	高	高	较高
回答质量	较高	较高	较低	不稳定	很不稳定

项目	自填式问卷调查			代填式问卷调查	
投入人力	较少	较少	较少	多	较多
调查费用	较低	较高	较低	高	较高
调查时间	较长	较长	短	较短	较短

2. 深度访谈法

深度访谈法又称深层访谈法，是一种无结构、直接、个人形式的访问，在访问过程中，一个掌握高级技巧的调查员深入地访谈一个被调查者，以揭示其对某一问题的潜在动机、信念、态度和感情。与小组座谈会一样，该方法主要用于获取对问题的理解和深层的探索性研究。它主要的特点是深入、细致、弹性大、灵活性强，能够充分发挥访谈双方的主动性和创造性。但是，这种访谈方法对访谈员的要求较高，同时它所得的资料难以进行统计处理和定量分析且特别耗费时间，使访谈的规模受到较大的限制。另外，在访谈技巧方面，深层访谈法的研究者为消除被调查者的自我防卫心理，时常会采用各种如文字联想法、语句完成法、角色扮演等技巧来对被调查者进行访问。

3. 街头拦访法

街头拦访法又称街上拦截访问，是一种十分流行的调查访问方法，通常被用在定量问卷调查中，约占个人访问总量的三分之一。这种调查相对简单，在超市、写字楼、街面、车站、停车场等公共场所均可以进行。按访问模式通常有两种形式：一是访问员在事先选定的若干地点，按一定程序和要求（如每隔几分钟拦截一位或每隔几个行人拦截一位）选取访问对象，征得对方同意后，在现场按问卷进行简短的调查；二是中心地调查（Central Location Test）或厅堂测试（Hall Test），在事先选定的若干场所内，租借好访问专用的房间或厅堂（根据研究要求，可能还摆放若干供被访者观看或试用的产品），按照一定程序和要求，拦截访问对象，征得其同意后，带到专用的房间或厅堂进行面访调查。第二种方法常用于需进行实物显示的或特别要求有现场控制的探索性研究或需要进行实验的因果关系研究，如广告效果测试、新品入市研究等。

（三）特殊调研

特殊调研是指除去以上两种调研之外的调研，通常是指企业寻求专业的调研机构来完成企业的相关调研工作。也包括调研者自身通过实验的形式实施调研，在实验过程中，导入某些刺激或控制实验因素，同时保持其他变量不变，以此来衡量这些实验因素的影响效果，从而取得第一手的研究资料。

随着移动互联网时代的到来，特殊调研也包括一些网上调研。例如常见的互动式调查，即与被调查者约定在某个时间段内进行网上调查。或者是弹出式调查，即将软件安装在网站上，根据一定的比例抽取被访者，当网站的访问者被随机选中时，一个独立的小窗口就会弹出，询问访问者是否愿意完成一份调查问卷。如果被访者点击"否"，该窗口立即消失；如果点击"是"，就会出现一份调查问卷，被访者即可进行在线答题。当其对有些题目不太了解时，可随时查看有关说明性内容，直到完成和提交问卷。使用此种方法的优点是尊重被访者的意愿，但据此获得的资料准确性和代表性等均难以控制。

四、常见的市场调研公司

如同前文提到，现今的许多企业为了更好、更专注地做好自己的业务，时常会寻找专业的市场调研机构来替其解决问题，提供相关的决策建议，尽管这样做成本相对较高，但是有价值的市场调研报告对于公司来说将会促进业绩的增长、利润的增加。下面列出几家常见的市场调研公司，以便大家更深入地了解市场调研或进入市场调研行业工作。

（一）中创智信（北京）投资顾问有限公司

中创智信（北京）投资顾问有限公司（以下简称中创顾问）创立于 2002 年，是国内唯一一家跨机构组成的专业资讯机构，由多家知名机构竞争情报实战专家和资讯管理理论专家携手创建，长期对各行业进行跟踪及数据收集，专注中国市场研究、商业分析、投资咨询、市场战略等，可提供多个领域客观真实的市场研究资料和商业竞争情报，为企业制定策略、了解市场提供稳定的数据支持。经过多年的积累，该公司已成为国内专业的第三方市场研究机构和企业综合咨询服务提供商。

（二）北京中研世纪咨询有限公司

北京中研世纪咨询有限公司（以下简称 CMRC 中研）是中国第一家主营工业制造业市场研究的专业机构。CMRC 中研的前身是 1992 年国家统计局批准成立的市场调查研究中心，长期以来为国家各部委和主管单位提供中国工业制造业市场的调查和研究服务。2001 年成立北京中研世纪咨询有限公司（使用 CMRC 中研品牌），正式以公司身份面向社会提供市场调查研究服务。经过 20 年的快速发展和行业积累，CMRC 中研已经成为中国最权威的工业市场研究机构。

（三）策点市场调研有限公司

策点市场调研有限公司（CCMR）是国内最具竞争力的跨行业市场研究公司，着力于基础市场数据的采集，为企业决策提供支持，从而让企业更了解市场。策点最大的优势是用最优惠的价格给予企业最真实的数据，擅长领域为满意度研究、消费者研究、政府服务研究、市场进入研究、新产品开发研究、房地产专项研究、行业研究等。

（四）央视市场研究股份有限公司

央视市场研究股份有限公司，简称 CTR，是中国领先的市场研究公司，成立于1995 年，2001 年改制成为股份制企业，是中国国际电视总公司和世界领先的市场研究集团 Kantar 公司共同组建的股份制合资企业。其主要擅长的研究包括消费者固定样组研究、个案研究、媒介与产品消费形态研究、媒介策略研究、媒体广告及新闻监测。同时，该公司提供连续性的多客户研究，并可以为不同客户提供量身定制的具有针对性的解决方案。

（五）媒介研究

央视-索福瑞媒介研究（CSM）拥有世界上最大的电视观众收视调查网络，可以提供独立的收视率调查数据。该公司致力于专业的电视收视和广播收听市场研究，为中国大陆地区和香港传媒行业提供可靠、不间断的收视率调查服务。

（六）上海尼尔森市场研究有限公司

尼尔森公司（AC-Nielsen）是全球首屈一指的媒介和资讯集团。尼尔森公司为私营公司，其业务遍布全球 100 多个国家，总部位于美国纽约，提供全球领先的市场资讯、媒介资讯、在线研究、移动媒体监测、商业展览服务以及商业出版资讯。

（七）北京特恩斯市场研究咨询有限公司

北京特恩斯市场研究咨询有限公司是中国专项市场研究公司中的佼佼者，致力于为客户提供市场可行性调研和基于调研的商业咨询，以帮助客户做出更具成效的商业决策。在消费品、科技、金融、汽车等多个领域为客户提供全面而深刻的专业市场调研服务和行业知识，并拥有一整套先进独特、覆盖市场营销和商业运营所有环节的商业解决方案，其中产品开发与创新、品牌与沟通、利益相关者关系管理、零售与购物者研究和定性研究等更是公司的特色强项。

（八）北京益普索市场咨询有限公司

益普索（Ipsos）于 2000 年进入中国，目前已经成长为中国最大的个案研究公司之一。益普索在中国拥有专业人员 700 余名，在北京、上海、广州和成都均设有分公司。该公司专注于营销研究、广告研究、满意度和忠诚度研究、公众事务研究等四大领域。

（九）新华信国际信息咨询（北京）有限公司

1992 年年末，新华信在北京成立，率先在中国开展市场研究咨询服务和商业信息咨询服务，并于 2000 年推出数据库营销服务。迄今，新华信已发展为中国领先的营销解决方案和信用解决方案提供商。该公司主要通过收集、分析和管理关于市场、消费者和商业机构的信息，进而整合信息、服务和技术，为客户提供市场研究、商业信息、咨询和数据库营销服务，协助企业做出更好的营销决策和信贷决策并发展营利的客户关系。

（十）零点研究咨询集团

零点研究咨询集团是中国专业研究咨询市场的早期开拓者与当前领导者之一，旗下的"零点调查"（专项市场研究）、"前进策略"（转型管理咨询）、"指标数据"（共享性社会群体消费文化研究）和"远景投资"（规范的投资项目选择与运作管理服务）提供专业调查咨询服务。零点调查针对不同的客户需求，提供有针对性的研究服务，业务主要定位在消费者研究、品牌研究、评估性研究、产品与营销研究四大研究领域。

（十一）北京捷孚凯市场调查有限公司

总部位于德国纽伦堡的北京捷孚凯市场调查有限公司（GFK 集团）是全球五大市场研究集团之一，拥有 80 年的发展历史。2005 年，GFK 集团全球年营业收入超过 10 亿欧元，在全球拥有 6000 多名员工，在 69 个国家和地区设有 120 多个分公司和分支机构。GFK 集团在全球范围内的市场研究业务涉及专项研究、医疗保健研究、电子零售研究、消费者追踪和媒介研究等五大领域。

（十二）北京新生代市场监测机构有限公司

北京新生代市场监测机构有限公司成立于 1998 年，该公司 2003 年引进了外资，成为中外合资企业。新生代公司从 1998 年开始持续跟踪和监测中国市场的变迁，记录中国市场的风云变幻，为客户提供市场和消费者洞察，协助客户在商战中制定成功决策。其业务主要有三个板块：一是连续研究，即连续性的、年度的与单一来源的大众市场研究与分众市场研究；二是媒介研究，即平面媒体研究、电波媒体研究、户外媒体研究、网络媒体研究与新媒体研究等；三是消费研究，即行业与市场分析研究、销售研究、营销研究（品牌/产品/价格/广告/促销）、消费研究和客户满意度研究等。

五、市场调研的步骤

（一）确定市场调研目标

市场调研的目的在于帮助企业准确地做出经营战略和营销决策，在市场调研之前，需先针对企业所面临的市场现状和亟待解决的问题，如产品销量、产品寿命、广告效果等，确定市场调研的目标和范围。

（二）确定所需信息资料

市场信息浩若烟海，企业进行市场调研必须根据已确定的目标和范围收集与之密切相关的资料，而没有必要面面俱到。纵使资料堆积如山，如果没有确定的目标，也只会事倍功半。

（三）确定资料搜集方式

企业在进行市场调研时，收集资料必不可少。收集资料的方法极其多样，企业必须根据所需资料的性质选择合适的方法，如实验法、观察法和调查法等。

（四）搜集现成资料

为有效利用企业内外现有资料和信息，首先应该利用室内调研方法，集中搜集与既定目标有关的信息，这包括对企业内部经营资料、各级政府统计数据、行业调查报告和学术研究成果的搜集和整理。

（五）设计调查方案

在尽可能充分地利用现成资料和信息的基础上，再根据既定目标的要求，采用实地调查方法，获取有针对性的市场情报。市场调查几乎都是抽样调查，抽样调查最核心的问题是抽样对象的选取和问卷的设计。如何抽样，需视调查目的和准确性要求而定；而问卷的设计，更需要有的放矢，完全依据要了解的内容拟定问句。

（六）组织实地调查

实地调查需要调研人员直接参与，调研人员的素质影响着调查结果的正确性，因此首先必须对调研人员进行适当的技术和理论训练，其次还应该加强对调查活动的规划和监控，针对调查中出现的问题及时调整活动和采取补救措施。

（七）进行观察试验

在调查结果不足以满足既定目标要求和信息广度及深度时，还要采用实地观察和试验方法，组织有经验的市场调研人员对调查对象进行公开或秘密的跟踪观察，或是进行对比试验，以获得更具有针对性的信息。

（八）统计分析结果

对获得的信息和资料进行进一步统计分析，提出相应的建议和对策是市场调研的根本目的。市场调研人员必须以客观的态度和科学的方法进行细致的统计计算，以获得高度概括性的市场动向指标，并对这些指标进行横向和纵向的比较、分析和预测，以揭示市场发展的现状和趋势。

（九）准备研究报告

市场调研的最后阶段是根据比较、分析和预测结果写出书面调研报告，一般分专题报告和全面报告，阐明针对既定目标所获结果，以及建立在这种结果基础上的经营思路、可供选择的行动方案和今后进一步探索的重点。

特别要注意的是，对调研结果进行统计、分析和预测后所获得的信息要达到如下要求。

（1）准确性。对于市场的调查必须坚持科学的态度、求实的精神，客观地反映事实。要认真鉴别信息的真实性和可信度，要求做到根据充分、推理严谨，确保信息准确可靠。

（2）及时性。任何市场信息，重要的情报，都有极为严格的时间性。所以市场调研必须适时提出，迅速实施，按时完成，所得信息情报要及时利用。

（3）针对性。市场信息多如牛毛，不应该也不可能处处张网，所以市场调研首先要明确目的。根据目的，有的放矢，以免劳民伤财，事倍功半。

（4）系统性。市场信息在时间上应有连贯性，在空间上应有关联性，随着时、空的推移和改变，市场将发生日新月异的变化，信息也将不断扩充。企业应对市场调研的资料加以统计、分类和整理，并提炼为符合事物内在本质联系的情报，而不是一个"杂烩"。

（5）规划性。市场信息面广量大，包罗万象，因此，要做好信息管理工作，就得加强计划性，既要广辟信息来源，又要分清主次，突出重点；既要持之以恒，又要注意经济效益；既要充分利用各方面的力量，又要有专业化的组织和统一管理。

（6）预见性。市场信息的搜集和整理，既要满足当前经营决策的需要，又要分析变化的未来趋势，预见今后的发展。

六、企业进行市场调研的必要性

市场调研是企业进行市场战略决策的重要依据，它能够帮助企业进行有效的市场分析，进而进行科学合理的决策。市场调研对于企业经济发展的必要性体现在以下几个方面。

（一）了解市场需求，发现营销机会

任何企业的产品都不会在市场上永远畅销，企业要想为自己的产品或者服务推广创造更多的机会，要想生存和发展就要不断地开发新产品，而这就必须对市场有一定的了解，就需要对消费者进行调研。通过调研可以了解和掌握消费者的消费趋向、消费偏好的变化及对产品的期望，然后企业可以根据调研结果设计出满足消费者需求的产品，凭此制订出营销计划，使企业的市场营销走向专业化。

科学技术突飞猛进，经济发展日新月异，电子化、全球化以前所未有的力度改变着世界的面貌，与此相伴的是市场环境的急剧变化，只有根据不同情况对营销组合进行调整，企业才能立于不败之地，而前提条件是要通过市场调研把握市场环境的实质变化。任何企业都有可能遭遇新的市场环境，市场调研将成为企业了解新市场环境的首选方式，了解新环境有助于改变企业目前的营销状况，有助于企业识别新的市场机会。通过调研可以把消费者和企业进一步联系起来，可以了解消费者的消费需求倾向及市场中未被满足的需求，以此为依据制定自己的营销策略，改善企业营销方案。企业在进行市场拓展时，原有的市场策略可能无法适应新的市场环境，因此企业拓展新市场时需要进行全面系统的市场调研，了解新市场的市场规律、市场政策和市场需求，从而对现有的市场策略进行相应的改革以适应新市场，也使得经营管理得到相应改善，提高企业市场效益。

（二）提供准确的信息，作为决策依据

企业进行经营决策，首先要了解内部和外部环境信息，要掌握信息就必须进行市场调研。任何一家企业都必须对有关市场有充分了解，这样才能有针对性地制定市场营销策略，人们常常羡慕某些成功的企业家善于把握机遇，殊不知他们这种料事如神的"本领"同样来源于科学的市场调研。

对于企业决策者来说，应该利用一切可以利用的信息，帮助自己决定选择何种营销策略，以赢得市场占有率和高投资回报。决策者需要的参考信息就是企业市场信息，因此市场调研能够为决策者提供真实可靠的市场信息数据，帮助决策者做出正确的决策。无论决策者理论水平如何高，经验如何丰富，只要缺乏真实、准确、及时的相关信息，就不一定能够做出正确的决策。有效信息不足可能造成决策失误，给企业造成损失。

企业的管理部门在进行决策或修正原有的市场营销策略时，通常需要了解多方面的情况和考虑多方面的问题，只有通过实际的市场调研得到的具体答案才能作为企业经营决策的客观依据。否则，企业很容易制定脱离实际的盲目决策。

（三）树立企业形象，提高竞争力

企业的形象是企业的生命，一个企业拥有良好的企业形象，对于市场的开拓具有很大的促进作用。企业通过市场调研，能够及时准确地了解市场环境和消费者需求，从而可以在产品价格、性能、作用等方面更好地迎合消费者需求，这样就会在消费者心目中树立起良好的企业形象。

顾客满意和顾客忠诚之间存在一种必然的联系，长期的关系不是自然产生的，它是根植于企业的产品和服务的价值基础之上的。留住忠诚顾客可以给企业带来丰厚的回报，重复购物和顾客的口头传播可以增加企业的收入和市场份额。对于绝大多数企业来说，留住忠诚客户从某种意义上来讲比较容易，而且并没有增加企业的服务成本。留住顾客的能力是建立在企业对顾客需求的详细了解和认知基础上的，这种了解和认知就来自于市场调研。

市场环境瞬息万变，激烈的竞争为企业进入市场带来困难，同时也为企业创造出许多机遇。通过市场调研，企业可以及时了解市场上产品的发展变化趋势，掌握市场上相关产品的供求情况，清楚顾客需求等。据此制订市场营销计划，组织生产适销对路的产品，才能增强企业的竞争能力，实现企业的赢利目标，提高企业的经济效益。综上所述，我们必须充分认识加强市场调研的重要性和迫切性，大力发展企业市场调研。

【同步实训】

一、实训概述

本项目实训为市场调研实训，学生通过本项目的学习，能够完成与市场调研相关的内容，并撰写市场调研报告。

二、实训设备

安装有基本办公软件的电脑设备。

三、实训内容

学生自由分组，并选出各组组长，以小组为单位进行实训操作。在本实训中，教师指定某行业电商市场，并提出市场调研内容和撰写市场调研报告的要求，学生按照调研内容完成相关的市场调研工作，并且按要求撰写调研报告。

任务一　市场调研

教师指定某行业电商市场，学生完成市场调研内容。

市场现状分析	
市场发展趋势	

任务二　市场调研报告

学生根据市场调研内容，撰写市场调研报告。

调研目的	
调研内容	
调研方法	
调研结果	

四、考核评价

各个小组完成实训，并在班级展示后，由各小组成员完成本人的"自我评价"内容，各组组长完成本组的"小组评价"内容，教师完成"教师评价"内容。

1. 评价表

评价项目	评价内容	评价标准	评价方式		
			自我评价	小组评价	教师评价
专业能力	任务一：市场调研（45分）	1. 调研的市场现状是否符合现实情况（25分） 2. 调研的市场发展趋势是否合理（20分）			

评价项目	评价内容	评价标准	评价方式		
			自我 评价	小组 评价	教师 评价
专业能力	任务二：市场调研报告（45分）	1. 市场调研报告目的是否正确（10分） 2. 市场调研内容是否完整（15分） 3. 市场调研方法是否合理（10分） 4. 市场调研结果是否正确（10分）			
职业素养	1. 责任意识（4分） 2. 学习态度（3分） 3. 团结合作（3分）				
总分					
综合得分	教师根据学生的实训表现进行综合打分，其中自我评价占20%，小组评价占30%，教师评价占50%。				

2. 教师根据各组实训进程及成果展示进行评价。

（1）找出各组的优点点评；

（2）找出展示过程中各组的缺点点评，并提出改进方法；

（3）总结整个实训中出现的亮点和不足。

【巩固与提高】

一、单选题

1. 下列不属于淘宝网电商模式的是（　　）。

   A. C2C　　　　　　B. 团购　　　　　　C. 拍卖　　　　　　D. B2B

2. 下列选项中，（　　）不属于单类目产品策略的优势。

   A. 流量精准

   B. 易深度挖掘产品价值

   C. 产品SKU多，多个关键词引流能力更强

   D. 便于用户管理，有针对性地进行营销活动

3. 市场调研报告的核心是（　　）。

   A. 实事求是地反映和分析客观事实　　　　B. 以书面的形式体现调研内容

C. 详尽地梳理市场调研内容   D. 总结市场调研结果

4. 撰写市场调研报告时语言应（   ）。

     A. 冗长、呆板   B. 简洁、通俗易懂

     C. 枯燥乏味   D. 善用专业术语

5. 企业在选择电商平台时，应综合考虑（   ）。

     A. 平台运营模式   B. 平台优势

     C. 企业运营成本   D. 以上均正确

二、简答题

1. 市场调研是指什么？

2. 企业组织架构是指什么？

三、论述题

1. 简述撰写市场调研报告的基本要求。

2. 简述企业进行市场调研的必要性。

四、操作题

挑选某一商品，进行市场调研并撰写调研报告。

02 项目二
电商平台选择与部署

卖家开店之前，应该综合考虑所在类目各个电商平台所占市场份额以及综合优势，最终选择适合自己产品的电商平台。此外，选定平台后，还应该对具体工作进行部署，其中包括：网店装修设计、网店商品信息编辑与发布、网店商品日常维护与管理。通过本项目的学习，卖家可以系统地掌握网店平台选择与部署的操作方法。

【学习目标】

知识目标

1. 了解电商平台的优势和劣势；
2. 掌握电商平台部署的基本知识；
3. 掌握网店装修、商品编辑与发布、日常维护与管理的基本知识点。

能力目标

1. 了解电商平台选择的方法；
2. 掌握电商平台的部署方法；
3. 能够完成网店的基本装修；
4. 能够完成商品的编辑与发布；
5. 能够胜任网店日常维护与管理的工作。

【项目情景】

陕西某软香酥食品集团有限公司是陕西当地一家集食品研制开发、生产经营于一体的大型食品企业。项目一中，该公司运营人员已经大概掌握了目前电商平台的营销概况。本项目的任务重点在于通过细致的研究，最终确定该公司的经营平台，并根据该平台的相关规则部署与开店相关的事宜。

模块一 任务分解

为了保证公司电商业务的正常运作，前期需要花费大量的时间和精力对各主流电商平台进行深入、细致的调研分析。陕西某软香酥食品集团有限公司的运营人员经过分析对比确定了运营平台。此外，该公司运营人员还对该平台做了详细的部署，包括网店装修设计、网店商品信息编辑与发布、网店商品日常维护与管理等。

任务一 平台调研

一、电商平台调研

联合国发布的《2015 年信息经济报告》中指出中国已经成为全球最大的 B2C 市场，并且中国 B2C 网络零售市场首次超过 C2C 成为市场的主体。2016 年第一季度中国网络零售市场结构中 B2C 占比 55%，C2C 占比 45%，如图 2-1 所示。相对于 C2C，B2C 拥有更为成熟的售后服务体系，并且在物流配送上也有较为突出的优势，因此更加容易赢得消费者的喜爱。

31

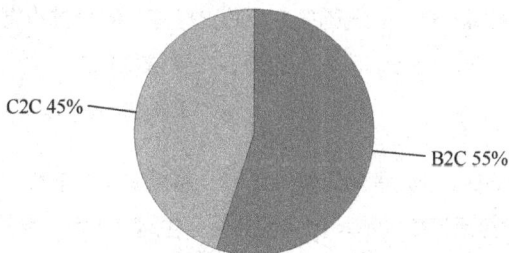

图 2-1　2016 年第一季度中国网络零售市场结构占比

2016 年第一季度中国 B2C 市场交易规模达到 10945 亿元，环比（与上一个统计周期相比）下滑 8%，同比（与上一年度同时期相比）增长 38%。越来越多的消费者已经逐渐接受方便快捷的网络购物，尤其是 B2C 类型代表的天猫、京东、苏宁等大型综合平台，不仅仅是送货上门，还对产品质量有较为稳定的保证。随着 B2C 行业的不断发展，越来越多的更为垂直的平台逐渐浮出水面，让消费者有了更多的选择。

从规模上可以看出，天猫的市场份额变化不大，仍以 58.4% 的成绩牢牢地占据首位；京东排在第二位，占比达 21.8%；苏宁易购继续排在第三位，占比达 3.8%；唯品会以略微的差距排在第四位，占比为 3.7%，其他如国美在线、一号店、当当、亚马逊中国、聚美优品等总共的市场份额是 12.3%，如图 2-2 所示。

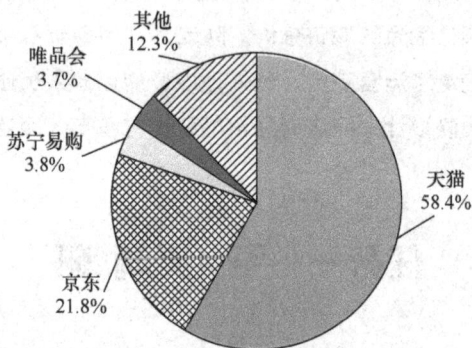

图 2-2　2016 年第一季度中国网络零售 B2C 市场份额分布

二、电商平台分析

（一）天猫

天猫是 B2C 领域的巨头，是纯开放平台，利润主要来自于流量、广告和技术服务费。

作为 B2C 领域的巨头，天猫有着明显优势，如规模大、商品种类多、流量大、纯平台成本低、知名度高、有阿里巴巴各方面的支持等。但是其也有不容忽视的劣势，如对商品控制能力有限，自身物流方面欠缺，主要依靠第三方物流。

（二）京东

京东也是一个开放平台，销售超数万品牌，囊括家电、手机、电脑、母婴、服装等 13 大品类。其优势是自建物流可控且服务好，主营 3C 类产品，商家入驻费用低，自营商品有厂商返利，家电规模大对供货商议价能力强等；劣势是商品种类不够多，入驻商家较天猫要少，自营商品成本较高等。

（三）苏宁易购

苏宁易购依托苏宁电器线下实体店，在很多方面具有明显优势。如家电类商品对供货商议价能力强，因此进货成本相对要低，有线下门店支持，品牌质量口碑较好，品牌知名度高，部分地区有自建物流等；同时其也存在明显劣势，如商品种类不够多，入驻商家较少，品牌形象仍局限在家电行业等。

（四）唯品会

唯品会是垂直 B2C 电商，它的定位是为品牌商在线上做库存的清理。唯品会采取的是闪购模式，即限时折扣。它的优势是折扣低，商品品种较多，自建物流，规模较大等；劣势是毛利增长空间有限，自建物流成本较高，扣点相对较高等。

综上所述，每个平台都有其自身的优势，但也都存在相应的劣势。陕西某软香酥食品集团有限公司的运营人员需结合自身产品的特点以及电商平台的优势，选择合适的电商平台进行部署。

任务二　平台选择与部署

一、平台选择

任务一中已经针对目前几大主要电商平台进行了细致的分析，陕西某软香酥食品集团有限公司的运营人员已经掌握了这方面的信息。陕西某软香酥食品集团有限公司成立于陕西，在当地已经小有成绩，尤其在线下销量可观，称得上是家喻户晓的著名品牌，但是放眼整个中国，影响力非常有限。因此运营人员考虑，该企业选择平台时，应该首选市场占有率较高，普通用户习惯的购物平台。

结合任务一中的分析结果与企业目前国内市场不成熟、竞争压力大，急需在全国范围内扩大市场影响力的现状，陕西某软香酥食品集团有限公司的运营人员最终确定选择天猫平台作为企业线上交易的主要阵地，并为此展开了一系列的部署工作。

二、平台部署

部署工作展开之前，应该对天猫平台的规则进行细致深入的了解，这里不一一赘述。下文主要讲解网店装修设计、商品信息编辑与发布、商品日常维护与管理等实操性较强的知识点，帮助读者理解掌握。

（一）网店装修设计

网店装修设计是网店正常运营前非常关键的工作。工作人员在装修之前就该考虑好网店风格，尽量使其与商品属性一致。

1．装修的一般流程

装修时，首先登录天猫账号，进入天猫"商家中心"—"我的工作台"界面，找到"店铺管理"下的"店铺装修"选项并单击进入，如图 2-3～图 2-5 所示。

图 2-3 "我的工作台"界面

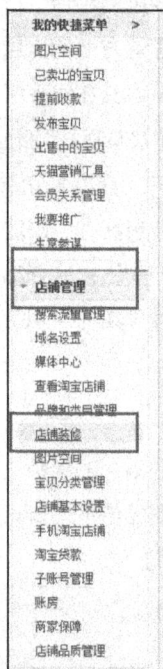

图 2-4 店铺装修

图 2-5　店铺装修跳转页面

当页面跳转至装修页面时，可以在页面左侧看到"模块""配色""页头""页面"等选项，如图 2-6 所示。单击"页面"选项，在跳转页面中选择"电脑端页面"，分别针对首页和店内搜索页，单击"页面装修"开始装修工作，如图 2-7所示。

图 2-6　装修页面分类

图 2-7　电脑端页面装修

此外，还可以针对"模块"进行装修，如图 2-8 所示，只需将所需模块拖动至相应位置即可。以"宝贝排行榜"为例进行说明，将图 2-8 中的"宝贝排行榜"模块拖至店铺页面进行编辑，最终效果如图 2-9 所示。

图 2-8　模块装修

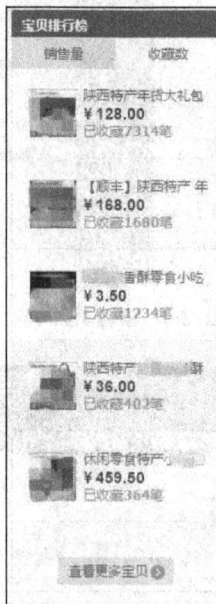

图 2-9　宝贝排行榜效果

2. 店招设计

店招即网店的招牌，它是网店装修中最重要的模块之一。店招是顾客看到网店后对网店做出的第一印象判断，是建立自身对网店认识的第一步，所以店招是商家用来展示自身网店名称和形象特点的一种重要途径，它可以由文字和图案组成，表现的方法也十分灵活。

对于网店来说，店招的形式大致可分为两种，一种是动态图片，另一种是静态图片。静态图片的格式比较多，制作也相对简单，能满足大部分卖家对网店装修的要求。某软香酥网店运营人员结合网店实际情况，最终选择使用静态店招。设计效果如图 2-10 所示。

图 2-10　某软香酥网店店招

3. 海报设计

海报设计是一种视觉传达的表现形式，一张好的海报可以生动地传达网店的产品信息和各类活动情况，吸引买家关注。海报的组成元素一般包含背景、产品与文案几部分，如何处理这几部分的关系对海报的视觉效果也会产生不同的影响。

海报文案中的主要信息有主标题、副标题、附加内容，设计时可以分为三段，段间距要大于行间距，上下左右也要有适当的空间。设计海报时，还应该对字体有所要求，通常情况下，最好不要超过三种字体，这是因为字体过多容易造成视觉混乱。因此，主标题可以用粗大的字体，副标题小一些。字体不要有过多的描边，或选用与主体风格不一致的字体。

大方高格调是对设计的基本要求，整洁的画面搭配恰当的留白可以让商品看起来更有格调，并让人在视觉上能更专注地接受海报上其他信息的引导。因此，设计海报时，还应该注意留白问题。

某软香酥网店的运营人员考虑到海报设计的以上要点，并结合自身产品特点制作出了相应的海报，最终效果如图 2-11 所示。

图 2-11　某软香酥网店海报

4. 促销区设计

促销区是企业文化展示中非常重要的展示区，可以根据自身经营活动的需要设计和组织页面内容。使用好促销区不仅能合理展示网店商品，还能很好地促进网店的商品销售。

网店促销区主要用来展示网店的热推商品，以引起买家的关注。在这一区域的商品通常包含三大要素：精美度、热度及优惠力度。首先商品呈现的尺寸要相对显眼，无论是拍摄还是构图设计，都要力求将产品的精美度呈现出来；然后是产品的热度体现，如卖了多少件、好评度如何等相关信息，这类热度字眼能激发用户的从众心理，促使用户仔细地往下浏览；最后是优惠力度，用户需要直接的优惠信息刺激，如特惠多少、打折多少等。因此，在不同的要求下，促销区的内容设计大同小异，一般都包含以下核心要素。

（1）特价

在节假日、店庆等时间段，定时定量推出部分产品作为特价产品销售，给予×折优惠。促销区内容包括活动名称、商品价格在活动前后的对比、商品名称、活动时间等，让买家有时间上的紧迫感，从而促进销售。

（2）秒杀

不定期推出库存量大的产品，在规定时间段统一发布，给予低价优惠，通过秒杀页面促进买家密集购买。

（3）包邮

在店内一次性购买商品总价超过×元或达到某单品数量，即可享受包邮服务（规定区域限制、特殊产品限制），以此来打动买家，使网店的客单量提高。

（4）赠送

在店内购买指定商品即可获得赠品一份，如购买单品总额达到×元，即可免费赠送同类或非同类单品一份，又如凡是购买 2 件商品的买家都会获得免费同类单品一件，以此来提高店铺的销售转化率。

（5）红包与满减券

红包和满减券也是网店常用的促销方式，内容主要为领取不同金额红包（代金券），促销内容要突出红包面值，并在金额下方标明购物满多少元使用，买家在领取后可直接消费使用。

综上所述，某软香酥网店总结，不管是哪类促销主题与商品的组合呈现，促销区的展示都是为了进一步促进店铺的销售转化，因此，促销区的内容要以自身店铺的能力去酌情安排。最终，某软香酥网店的运营人员决定，以包邮和买送这两种促销形式为主，如图 2-12 和图 2-13 所示。

图 2-12　包邮促销

图 2-13　买送促销

（二）商品信息编辑与发布

商品信息发布之前，还有很多工作要做，如主图制作、详情页制作、标题撰写、上下架时间安排等。

1. 商品标题撰写

撰写商品标题之前，需要了解商品标题的构成，在淘宝上搜索不同类目的商品关键词，可以发现目前淘宝上的商品标题均是由核心词、属性词、长尾词和促销词构成的。

（1）核心词

卖家要选一个好的核心词，这样才能将商品的流量集中。核心词一般包含产品词、类目词、品牌词和二级词。撰写标题时，运营人员应该从买家的角度考虑，如选择类目词时，卖家可以参考淘宝首页的类目划分，如图 2-14 所示。该软香酥网店要发布的该款软香酥品牌词是其品牌名称，类目词为零食，产品词为糕点。

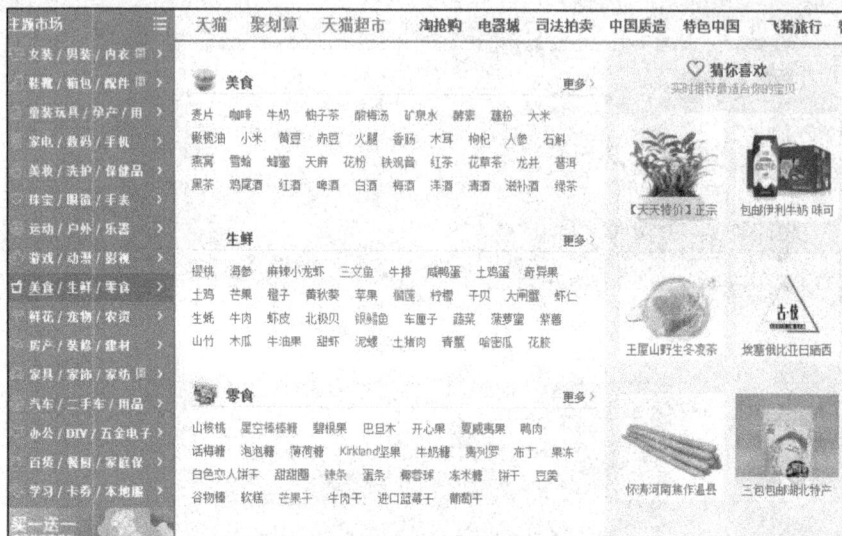

图 2-14 淘宝首页类目划分

（2）属性词

属性词是与商品属性相对的词语，能够说明商品的尺寸、色彩、质地、口味等相关的商品信息，能让用户在搜索商品时，尽可能准确定位到商品的关键词。卖家在确定属性词时，既可以参考商品本身的信息，又可以参考发布商品时官方需要填写的宝贝属性信息。某软香酥网店运营人员参考该商品需要填写的属性，如零食、早餐糕点、软香酥、小吃等，确定属性词为糕点、零食、软香酥。

（3）长尾词

长尾词是长尾关键词的简称，是指非目标关键词但也可以带来用户搜索流量的关键词，这类词精准度比较高。长尾词要根据对竞争对手和客户群体的分析来确定，要分析这个产品的用户群搜索习惯，如会搜什么样的词、会怎么搜等。长尾词一般可以通过以下方法收集。

① 淘宝搜索下拉框

当买家搜索"糕点"时，淘宝下拉框会有一些系统推荐的词，这些词搜索流量很大，属于标题中必备的关键词，如图 2-15 所示。当买家在搜索框中输入"软香酥"时，搜索框中出现的关键词，大多是某软香酥公司的产品，如图 2-16 所示。

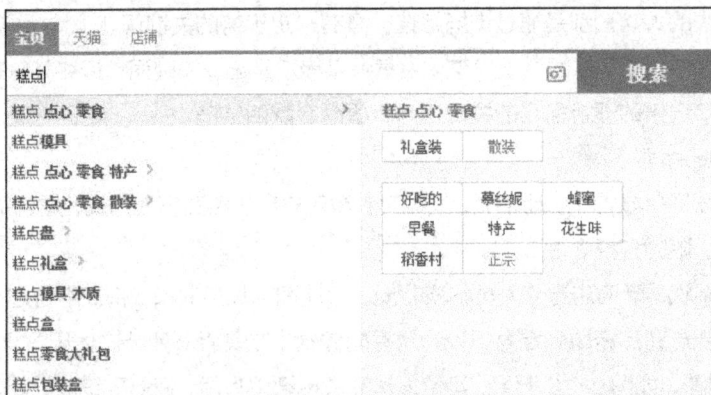

图 2-15　糕点长尾词

图 2-16　软香酥长尾词

② 淘宝搜索后的"您是不是想找"

当用户搜索"软香酥"时，搜索结果页中间会有一些系统推荐的词，这些都是用户常搜索的关键词，如图 2-17 所示。

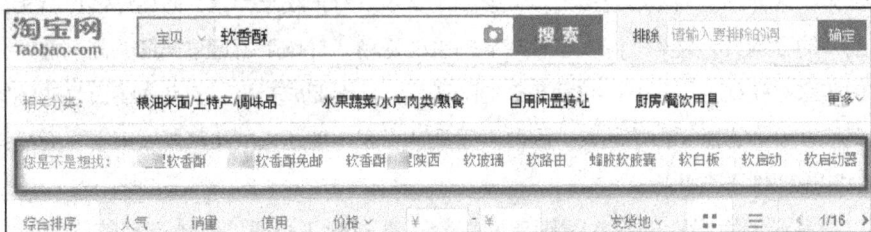

图 2-17　搜索页您是不是想找结果显示

③ 参考同行 TOP 商品

某软香酥网店运营人员还可根据店铺经营的类目，参考同行 TOP 商品的标题，这些标题中的关键词都是通过市场筛选，具有一定优势的关键词。

除此之外，还可以通过直通车、生意参谋等工具选取关键词。最终某软香酥网店运营人员筛选出的适合自己的关键词是软香酥、陕西特产。

（4）促销词

促销词是指与店铺活动相关，能吸引刺激用户产生购买行为的词，如包邮、特价、火爆热卖、限时打折等。

最后某软香酥网店运营人员将核心词、属性词、长尾词和促销词组合起来，最终将发布的糕点商品标题确定为"××软香酥零食小吃美食陕西特产休闲零食糕点 30 枚区域包邮"，如图 2-18 所示。运营人员完成标题撰写后，还需要统计、分析标题数据并进行优化，这样才能使得宝贝的搜索权重逐渐上升。

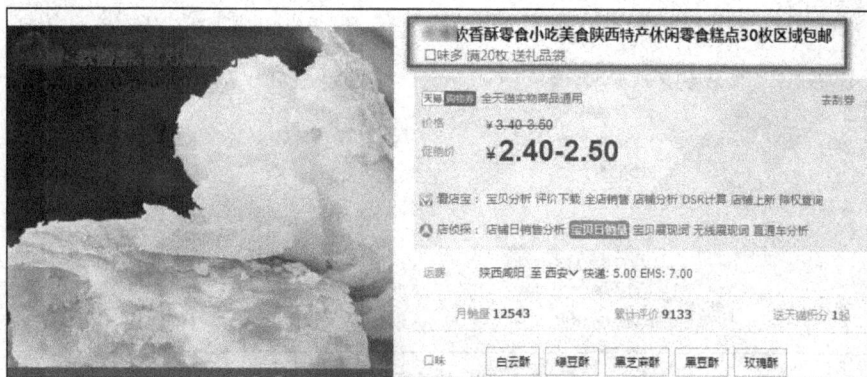

图 2-18　某软香酥标题

2. 商品详情页设计

线下购物和线上购物最大的区别就是用户体验，"看得见摸得着"是线下购物最大的优势，这种感官刺激能直接激发买家的购买欲。对于线上而言，商品详情页就相当于线下的导购员，是买家深入了解商品的重要途径，其作用是通过详细的商品描述，增加买家对商品的信任度，激发买家的购买欲，从而促成交易。商品详情页是店铺转化率和客单价的重要影响因素，因此不管是从卖家角度还是从买家角度来看，商品详情页的重要性不言而喻。

商品详情页设计的基本原则是要符合买家的购买心理，解决买家的问题，打消买家的购买疑虑。其基本原则也反映出商品详情页的内容，即商品详情页需要解决买家的问题，一是为什么买，二是要不要买，三是是否立即购买。商品详情页的内容设计是围绕这三个问题展开的，通常情况下，商品详情页内容及标准排版如图 2-19 所示。

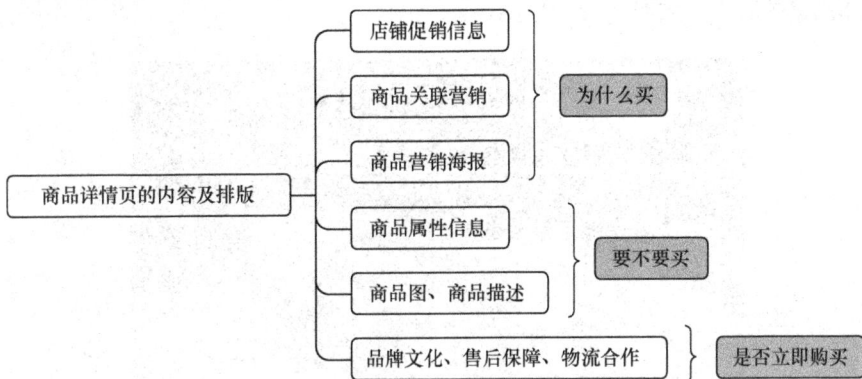

图 2-19　商品详情页的内容及排版

（1）店铺促销信息

店铺促销信息有助于提高店铺客单价，增加产品整体销量，对于网店而言，大大小小的促销活动已经司空见惯，不管是参加官方活动还是自主策划的店内活动，对于卖家来讲都应该把最能吸引买家的信息放在最醒目的位置，根据买家的网页浏览习惯，商品详情页中越靠上的位置的展示效果越好，所以如果店铺有促销活动，通常都是在详情页置顶的位置展示。

（2）商品关联营销

商品详情页的关联营销模块是增加静默转化及客单价的重要途径，关联营销模块内的商品一般是店铺的热卖品，数量以 4～12 款为宜，数量太少，买家选择范围小，会直接影响关联营销模块的点击率，数量太多会影响美观及详情页的加载速度，从而影响买家购物体验，如图 2-20 所示。

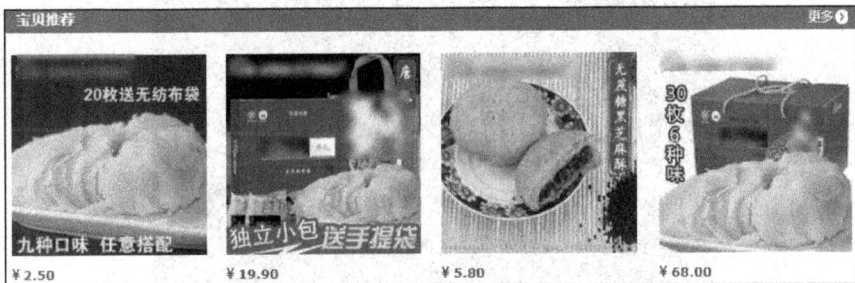

图 2-20　商品关联营销模块

（3）商品营销海报

商品营销海报是买家对商品的第一印象的来源，所以海报画面不仅要制作精美，足够吸睛，文案也一定要挖掘痛点，体现商品最核心的竞争优势，激发买家继续浏览的欲望，如图 2-21 所示。

图 2-21　商品营销海报

（4）商品属性信息

买家通过商品属性信息可以对商品有基本了解。不同类目商品有不一样的基本属性，如服装类目的产品属性一般包括尺码、材质、版型、颜色、产地等，食品类目的产品属性信息一般包括成分、保质期、生产日期、口味、产地等，如图 2-22 所示。

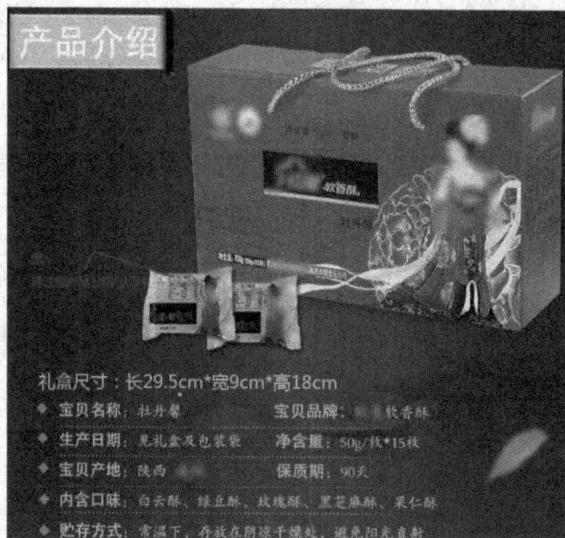

图 2-22　商品属性信息

（5）商品图、商品描述

　　由于买家不能真实体验商品，所以商品图及商品描述会不断强化买家的购买理由，打消买家顾虑。商品图片一般为实拍图，清晰的图片能增加真实感，真实呈现商品不同角度的原貌，再加上简洁直击痛点的商品描述，可以弥补买家在线上购物不能体会在实体购物场景中的氛围感，如图 2-23 所示。商品图包括商品正面、反面、侧面及全方位的商品细节图片。商品正面、反面、侧面图片呈现的是商品整体的原貌，细节图片体现商品不同角度的特点，如图 2-24 所示。

图 2-23　商品全貌

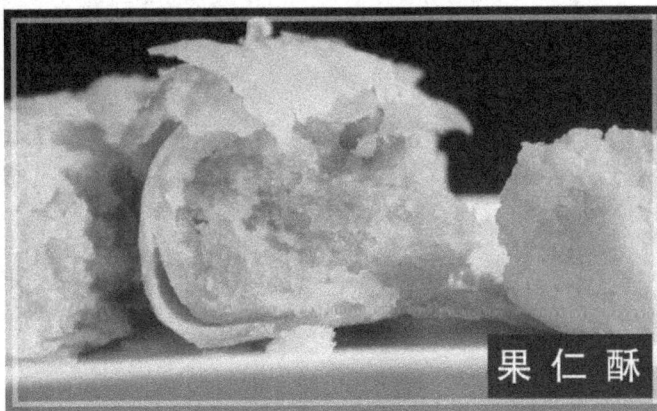

图 2-24　商品细节

（6）品牌文化、售后承诺、物流合作

　　品牌文化展示商家实力，可以增加买家信任度；售后承诺是卖家服务能力的体现，可以使买家无忧购物，打消买家担心线上购物售后无法保证的顾虑；物流合作一般展示承运的快递公司与物流包装等。

随着网店对消费者购物体验越来越重视，商家对详情页的要求也越来越高，不再局限于让买家了解商品，还要求详情页内容更加多元化、个性化、趣味化。因为有创意的详情内容不仅能进一步促进商品销售转化率，提高客单价，提升买家购买体验，而且能增加买家黏性，提高商品复购率，有效节省卖家的宣传推广成本。

3. 商品发布流程

以上基础工作完成后，就该发布商品了。某软香酥网店运营人员首先进入"商家中心"—"我是卖家"—"商品发布"—"类目选择"界面，如图 2-25 所示。其中一级类目选择"零食/坚果/特产"，二级类目选择"糕点/点心"，选择商品品牌，如图 2-26 所示。接下来，还要制定所发布产品的系列，如"低糖款""传统口味"等，如图 2-27 所示。

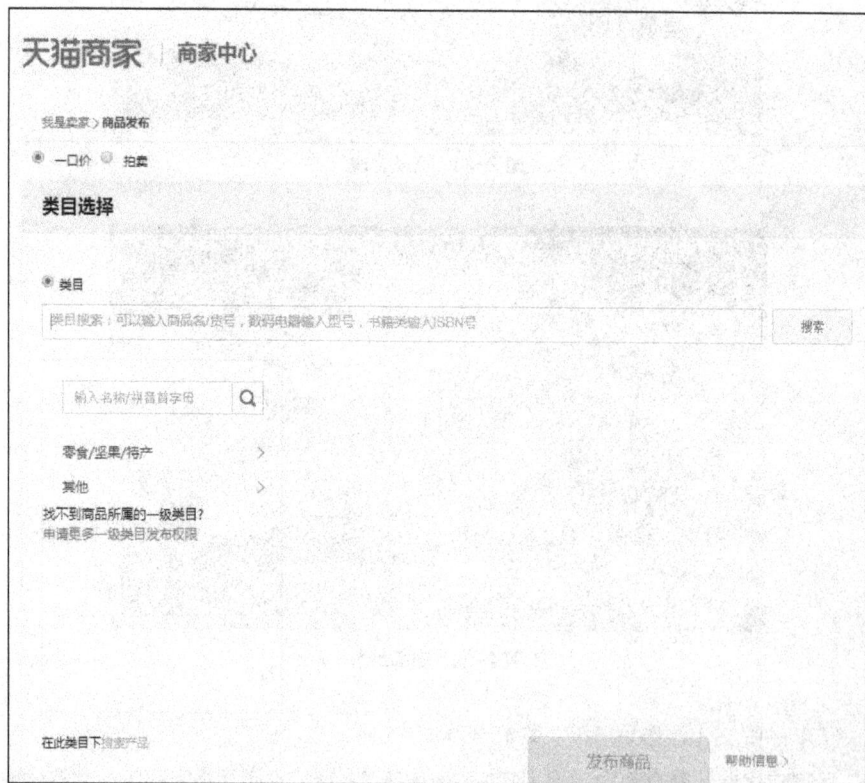

图 2-25　商品类目选择 1

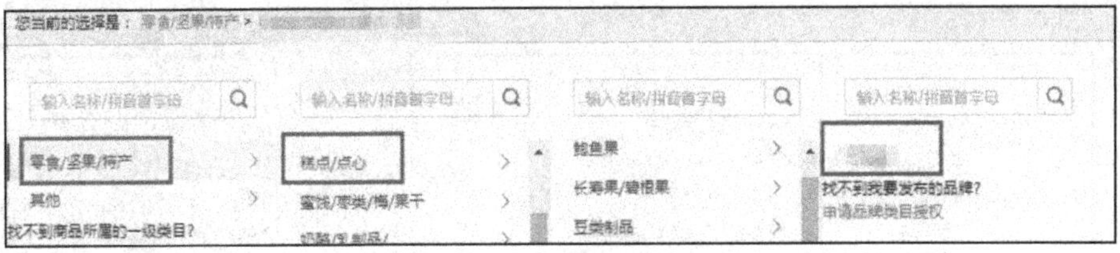

图 2-26 商品类目选择 2

图 2-27 商品系列选择

类目选择完成后，还需对"产品信息""价格库存物流""详情描述""售后及其他"等内容进行编辑，如图 2-28～图 2-32 所示。其中带"*"的选项，包括品牌名称、净含量、包装方式、产地、价格、商品图片、商品描述等为必填选项，一定要认真填写，以免后期出现纠纷。

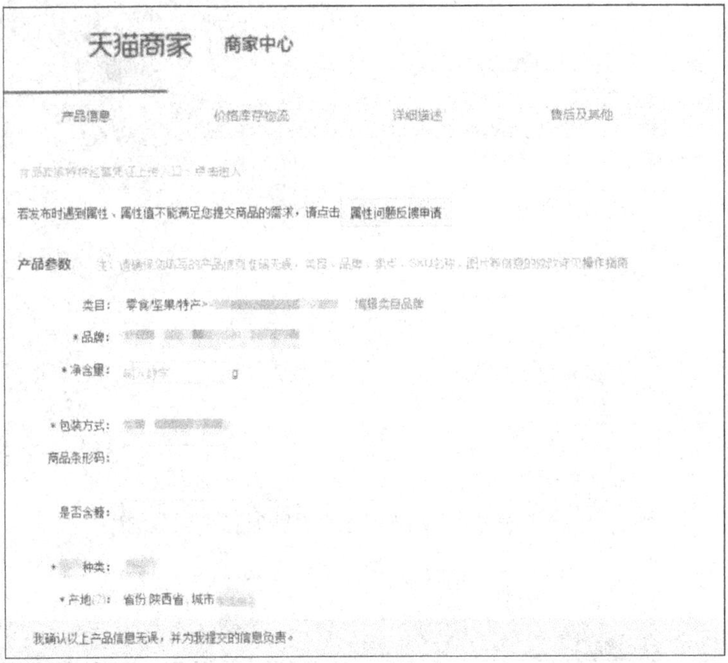

图 2-28 商品参数编辑

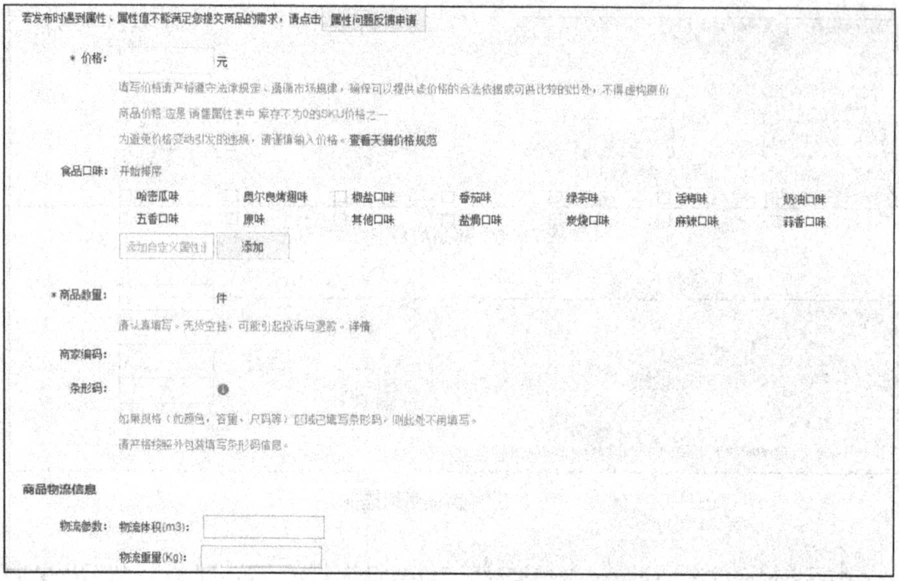

若发布时遇到属性、属性值不能满足您提交商品的需求，请点击 属性问题反馈申请

图 2-29　商品属性编辑 1

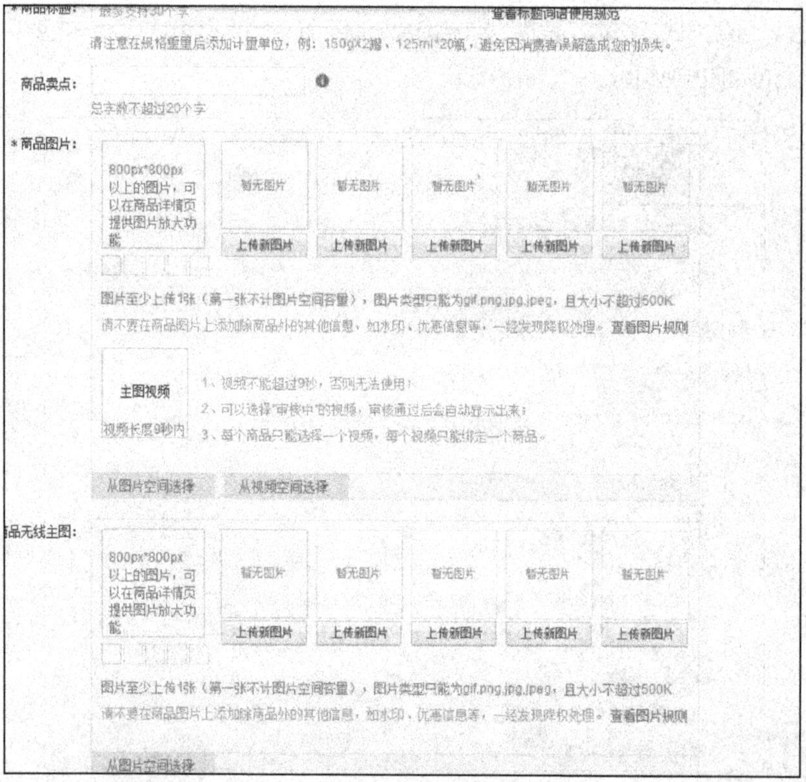

图 2-30　商品属性编辑 2

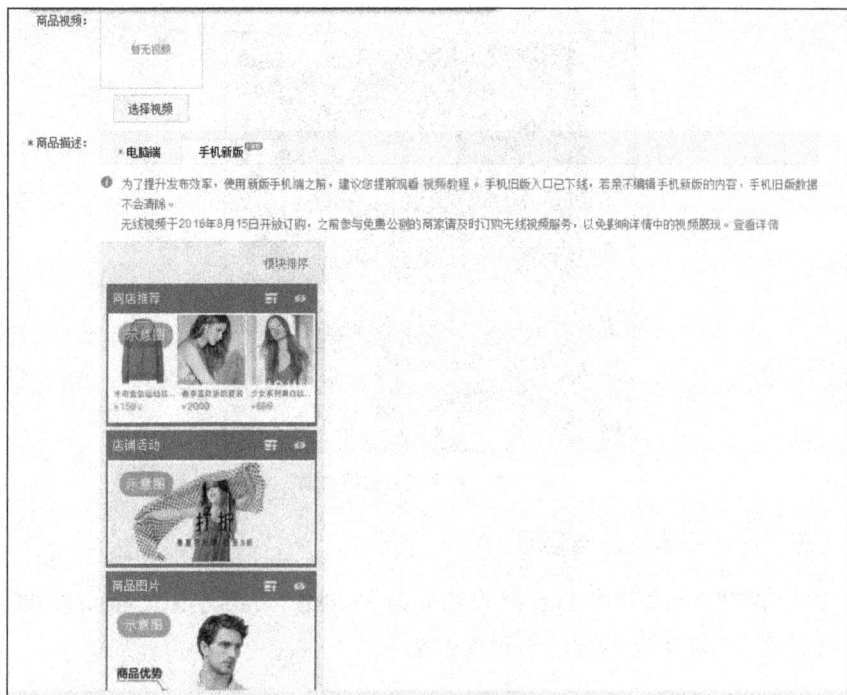

图 2-31 商品属性编辑 3

图 2-32 结果提交

商品基本信息编写、提交完成后，一款产品的发布就算完成了，最终效果如图 2-33
所示。

图 2-33　商品发布最终效果

（三）网店日常维护与管理

商品日常维护与管理也是运营中非常重要的一部分。这部分工作包括订单处理、上下架管理、橱窗推荐、评价、标题优化等。

1. 订单处理

登录天猫账号，进入"我的工作台"，在"已卖出的宝贝"中对订单进行查看、处理，如图 2-34、图 2-35 所示。这里可以清楚地看见"近三个月订单""等待买家付款""等待发货""已发货"等信息，运营人员只需按照提示对订单做相应处理即可。

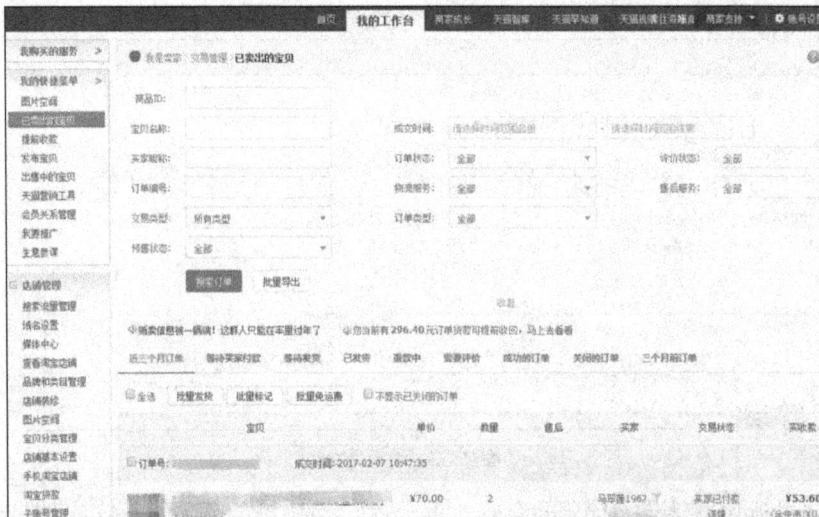

图 2-34　我的工作台页面

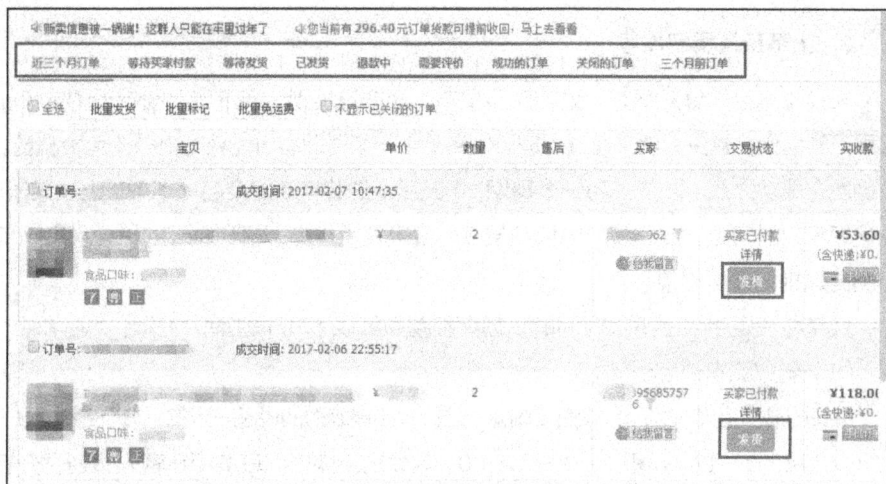

图 2-35　订单处理页面

2. 评价处理

商品评价对商品后期销量有重要影响。对于客户的好评应该及时给予回应；对于交易过程中发生的误解应及时做出解释，消除误解，赢回客户，促使其再次消费。"商家中心—评价管理"页面会展示出所有来自买家的评论，单击对应评论右手边的"解释"按钮，输入相应的解释内容即可对评价内容进行解释，如图 2-36 所示。此处应了解：天猫评价解释期为买家做出评价 30 天内，逾期解释人口将关闭。

图 2-36　评价处理

3. 上下架及橱窗推荐

天猫（淘宝）每天都有大量的商品发布，根据其规则，离下架时间越近的宝贝能够展现的机会就越多。卖家通过合理设置商品上下架时间有可能获得更多的免费流量。商品发布成功之后，以7天为一个周期，7天后系统将自动对商品做下架、上架操作。越接近下架时间点，商品搜索的权重越高。宝贝权重越高，得到展现的机会和曝光率也越高，排名会更靠前。

卖家在设置宝贝上下架时间时，需要提前做好以下几个方面的工作。

（1）研究买家访问时间

宝贝的最佳上架时间段和天猫（淘宝）访问量最高峰时间段是一致的，分别是9:00—11:00、14:00—17:00和19:00—23:00。具体的上架时间段需要运营人员通过分析店铺的访客时间来确定。运营人员可以通过查看生意参谋中的"访客分析"来选取时间段，查看一天内访客和下单买家数的趋势，参考下单买家数较多的时间段来确定上架时间。

（2）合理安排上架产品

运营人员发现某款软香酥周二购买率远远大于其他时间，则可以将这款软香酥的上架时间调至周二天猫（淘宝）访问量最高峰时间段内。

运营人员还要考虑网店产品总数，合理安排上下架时间，保证在天猫（淘宝）访问量最高峰时间段内店内有不同产品接近下架时间，这样产品被优先展示的机会就更多，引流效果更明显。

（3）合理设置橱窗推荐

橱窗推荐是天猫（淘宝）商铺的一种推广工具，能使商品排名靠前，而且所推荐的商品显示在淘宝的搜索引擎里，方便买家搜到。天猫（淘宝）店铺推荐位置有限，不可能存放店铺的所有产品，只能把店铺热销的、吸引客户的产品放在橱窗推荐位置，推荐给买家，进而吸引买家点击进入网店，实现销售的目的。

在天猫平台"商家中心—宝贝管理"中可设定橱窗推荐，如图2-37所示。橱窗设置完成后，可以在"宝贝管理—出售中的宝贝"中查看设置结果，同时还可以在该页面设置"取消橱窗推荐""推荐精品"，如图2-38所示。

商品日常维护与管理工作，除了上面提到的几种还包括退款售后管理、发票管理等，只需在"商家中心—客户服务"选项下进行设置与管理即可。

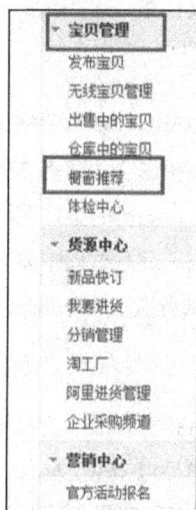

图 2-37 橱窗推荐设置

图 2-38 橱窗推荐结果查看

模块二 相 关 知 识

一、促销区图片设计的要点

设计促销区的图片，最重要的目的是传递信息，以第一印象博取消费者的好感。主图要有吸引力，能够吸引顾客继续浏览下去。图片的整体设计效果会在很大程度上影响点击率，设计促销区图片时要注意以下事项。

（一）创意卖点

促销区图片诉求的创意卖点要吸引顾客的眼球。挖掘创意卖点有多种方式，商家要学会从同行业的竞争对手处观察和借鉴创意卖点的挖掘思路，如可以参考同行的主图，研究同行的详情描述侧重什么，同行的推广图侧重哪方面等，这些都可以作为创意卖点的启发。另外，在创意卖点的发掘过程中需要站在买家的角度，考虑买家对产品的需求，并把符合买家需求的创意卖点突出展现出来。

（二）促销信息

由于消费者喜欢做促销、有折扣的商品，所以在进行店铺促销时，将促销折扣信息设置到商品图片上，可以提高商品点击率。比如"限时抢购""最后 1 天"等促销文案可以给买家带来时间上的紧迫感。但是，促销信息并非越多越好，促销信息应尽量简单、明确，字体统一，字数尽量保持在 10 字以内，避免促销信息混乱给买家带来不好的视觉体验。

二、生意参谋的作用

生意参谋是数据分析最常见的工具之一，它的作用主要体现在以下几方面。

（一）了解市场行情

生意参谋中的市场行情数据分析中有行业店铺流量分析的数据，并对流量指数进行了排序，可以清楚地看到一些网店的流量指数。同时，在生意参谋中也能清楚知道行业的产品交易数据，可以看到每一款产品的交易指数及行业热门的搜索词。

（二）了解经营概况

生意参谋中的经营概况会展示网店的访客数、浏览量、支付金额、支付转化率、客单价、退款金额和服务态度评分等数据，对于前一天和上周同期的情况也会做出相应的分析，帮助运营人员及时调整运营策略。

（三）了解交易趋势

生意参谋中的交易趋势可以帮助运营人员查看同行所有终端的平均支付金额、本店所有终端的支付转化率、本店所有终端的支付转化率和同行所有终端的平均支付转化率的一个数据图，对于做爆款、直通车、关键词排名有重要影响。

此外，通过生意参谋，运营人员还可以清楚地看到产品关键词的流量增长情况，对做产品标题优化很有帮助。

三、淘宝网店常用促销策略

促销，顾名思义，就是促进消费，卖家通过一系列有计划、有策略的方法或手段，吸引消费者下单购买。针对不同的产品可以采用不同的促销策略。下面介绍七种常见的淘宝促销方式。

为了方便大家更好地理解和计算，我们假设一件产品的售价为 100 元，并将通过几种思路来达到不同的目的。

（一）满 400 元减 100 元

可以设置店铺活动为满 400 元减 100 元，也就是说买家通过这样的方式可以用300 元买到 400 元的产品，实际就是拿到七五折的折扣，不过这里买家是拿到了四件产品。这种方式可以提升我们的客单价，与原本直接打七五折相比更好。这种促销方式比较适用于消耗类的产品。

（二）第二件半价

与上一个方法相比，这个方法对买家来说支出较少，更容易接受。一件是 100元，两件则是 150 元。这样的方法比较适用于一些成双成对的产品，如情侣装或情侣鞋。

（三）下单领 50 元券

通过这样的方式让买家下单，可以提升我们的转化率。同时买家拿到券后，很有可能会第二次购买，从而提高店铺的复购率和回访率。

（四）买三送一

买三件赠送一件，这种方法和第一种相似，区别在于第一种方法影响最低价，而这种方法不影响。不过，利用第一种方法产品的销量会多一些，需要根据店铺的具体情况进行选择。

（五）四人购物一人免单

这种方式仅适合单一商品单件促销，即每人购买的商品相同且只购买一件。对商家而言折扣力度还是七五折，但这种方式可以激励客户帮助分享商品信息，增强促销信息的扩散力度。

（六）第二件八折再赠送 30 元优惠券

第二件八折，买家实际付款 180 元，不仅得到了优惠，还领到了 30 元的券，其实这还是七五折。这样既可以提升客单价和单价，又能让买家再次光顾。

（七）下单八五折再赠 10 元优惠券

与上一个方法相似，但是买家只需要购买一件产品就能拿到优惠，相比而言这更加容易被买家接受，同时也可以增加买家复购的机会。一件八五折就是 85 元再领 10 元券，这么计算还是七五折。

以上介绍了七种方法，从促销折扣力度上来说都是七五折，但是实际上却利用了不同方式。我们可以针对不同产品使用不同的策略，这里只是提供思路，大家应该灵活地去理解应用。

四、网店运营相关要点

网店运营过程中，商品基本信息推广、商品上下架时间、会员制促销推广和橱窗推荐四个方面较为重要，下面将简要阐述其要点。

（一）商品基本信息推广要点

相对于传统的零售方式，网店的商品展示是通过网页的形式来陈列的。顾客在网店中对商品的了解主要是通过店主对商品名称和商品照片的展示而得知的，因此做好商品基本信息的介绍是网店运营的基础工作。顾客对网上商品的搜索很多时候是靠关键词完成的，网店店主可有效利用关键词来促进网店浏览量的提升。

一般来说，属性、品牌、评价等都是编辑商品必不可少的关键词。在对商品进行描述时，网店店主应对商品的基本参数、优势和价值详细说明，比如商品的型号、生产加工工艺、交易、配送说明、服务保障等，从而打消消费者网购看不到实物的疑虑。在商品的图片编辑中，应尽可能地还原产品原貌，多向消费者展现产品细节，同时做到画面美观，刺激消费者视觉，提高消费者购买欲。

（二）商品上下架时间确定要点

合理调整网店商品上下架时间，跟进老顾客，能够有效提高店铺销量。目前许多网上购物平台的网站流量高峰时段主要有三个，分别是 9:00—11:00、14:00—17:00 和 20:00—23:00。所以，网店店主应对宝贝上下架时间进行合理调整，与网站流量高峰时段保持一致，这样就能使网店商品获得更多的展现机会，让更多的消费者关注到网店。

（三）会员制促销推广要点

网店店铺可以根据买家的购买金额和力度等设置 VIP 会员制。从营销学角度来看，对会员实施折扣优惠这种不平等对待的规则能够被大众普遍接受，且能够让买家产生优越感和优惠感，从而调动买家的再次购买欲。VIP 会员制可以根据买家的购买金额设置级别，且将这种设置信息在店铺显眼处详细公告，所有达到标准的顾客都可享受 VIP 会员制中的相应折扣。除此之外，网店店主还可以根据店铺经营情况、节假日情况进行各种促销活动，如限时打折、搭配套餐、秒杀、包邮等都可以促进店铺浏览量和成交量的提高。与此同时，网店店主也可以根据顾客的购买力度提供不同的赠品或者店铺商品宣传册等，使买家在收到商品后能够对店铺有更多了解。

（四）橱窗推荐要点

橱窗推荐又称为卖家热推，是指卖家将自己的主打产品设置为橱窗产品，这些橱窗产品将在搜索结果页中获得优先推荐，同时展示在网站首页中获得重点曝光。简单地说，假如你有 100 件宝贝，获得的橱窗推荐位为 25 个，那么在浏览的类别里，会有 25 个宝贝有优先展示权，你可以通过橱窗推荐设置来决定哪 25 个宝贝获得此权利。通过合理利用这些橱窗推荐位，网店店主将能大大增加商品浏览量和点击率。

五、独立网店运营的注意事项

目前，很多企业不满足于在淘宝等第三方平台上开网店，而是希望自己能够拥有网店的所有权，可以完全掌握网店会员的数据，所以这类企业选择独立网店系统，并运用这一系统来搭建独立网店。我们搭建了独立网店，想要有成交量，还需要运营好独立网店，那么在运营网店的时候我们需要注意哪些呢？

问题一：网站架构过大

有些网店店主认为网站或网店系统的架构越大，包含的产品种类越多，获得的利润就越多，所以在建站之初就迫不及待地整合行业所有资源。但是在运营之初就搭建过大的网站架构，运营成本和精力都会呈倍放大。而通常商城发展最健康的模式应该是先细分产品做流量，有了流量再招商家。

问题二：内容管理缺失

目前，许多独立网店的网页内容被百度网站收录，但通过网店后台数据统计发现，来自百度的流量极少，这是典型内容管理缺失的表现。之所以会出现这类情况，是因为这类网店的用户可以在上面自己发布内容，而网店管理者没有很好地处理违规或不相关的信息，久而久之，导致核心关键词权重降低，从而导致来自搜索引擎的流量减少。

问题三：增加多余的分类频道

独立网店的目的是为了销售，它并不是企业的官方网站，有些功能不需要在上面展示，否则会影响消费者的购物体验，也容易降低网店在搜索引擎的权重，从而影响排名。例如许多网店都开设了人才招聘的栏目，企业本身是希望能够为公司吸纳人才拓宽渠道，这可以理解，但这部分信息与网店销售商品的主业并不密切，强行放到网店栏目中，只会影响消费者的浏览体验，同时也会影响在搜索引擎中的排名表现。

问题四：没有找到流量的自然增长点

我们知道，当一个网站的流量达到一定的数值时，即使不做推广也会自然增长，这就是自然增长点。为什么开始把网站定位成大而全的没几个成功的？因为这样的网站的自然增长点可能是几十万，这需要购买大量的广告位和持久推广才能达到。如果你做一个行业的网站，可能只需要几万；做一个产品的，可能只需要几千。而且当别人需要这种产品时，最先想到的肯定是你的网站，那时候你就是权威，所以细分很重要。

问题五：靠广告营利

如果一个网站的定位是靠广告来赚钱，那么到最后这个网站肯定会失败。运营网店，最重要的还是吸引供应商和拿货商，从他们身上实现营利。现在很多的网站满眼望去都是广告，弹窗的、浮动的应有尽有。任何站点，广告收入只能作为副业，否则往小了说会影响用户体验，往大了说这是亲手送你的客户离开你的网站。

问题六：论坛黏度不够

论坛是网站的一个很重要的组成部分，但是很多站长并不重视这一块。论坛是一个行业交流的平台，对于维护用户黏度非常有用，但是很少有站点会派专人来管理这块。再加上有很多细分的论坛也在运营，所以你的论坛会很冷清。在这种情况下就需要派专门的人员来引导用户进行交流，这是很有必要的。

问题七：行业资讯不相关

一个网站最重要的是什么？内容。很多网站里的内容都是靠粘贴复制来的，好一点的可能会搞点"伪原创"。特别是在制造行业，行业信息本来就少，如果没有原创文章更新的话，很难提高权重和收录。一些站长最后想了"办法"，找一些咨询类的文章，这类文章很多，也较容易搞"伪原创"。但问题是这和网站主题不相关，最后一旦百度更新，则会被减少收录甚至是降权。

六、网店配色

在网店页面设计中，色彩搭配是树立网店形象的关键，店面色彩处理得当可以为页面锦上添花，同时达到事半功倍的作用。色彩搭配一定要合理，要与自己的产品相符，这样才会给人和谐、愉快的感觉。另外，在网页配色时一定要避免使用容易使人产生视觉疲劳的纯度过高的单一色彩。下面具体讲述不同颜色的特点。

（一）红色

红色的色感温暖，在众多颜色里，是最鲜明生动、最热烈的颜色。因此红色也是代表热情的情感之色。鲜明的红色极容易吸引人们的目光，是一种对人刺激性很强的颜色，容易引起人的注意，容易使人兴奋、激动、紧张、冲动，也容易让人造成视觉疲劳。

在网页颜色的应用中，根据网页主题内容的需求，纯粹使用红色为主色调的网站相对较少，其多用于辅助色、点睛色，达到陪衬、醒目的效果，通常都配以其他颜色进行调和。目前，大多红色系的网店以经营婚庆产品为主，在女装、美容化妆品或店庆页面中也会使用红色，其主要目的是醒目，提醒买家注意，吸引买家目光。

（二）橙色

橙色具有轻快、欢欣、收获、温馨、时尚的效果，是一种表达快乐、喜悦、能量的色彩。橙色，又称橘色，为二次颜料色，是红色与黄色的混合。在光谱上，橙色介于红色和黄色之间。

橙色在空气中的穿透力仅次于红色。而色感比红色更暖，最鲜明。橙色应该是色彩中让人感受最温暖的色相，能给人以庄严、尊贵、神秘等感觉，所以基本上属于心理色彩。历史上许多权贵和宗教界都用橙色装点自己，现代社会往往将其作为标志色和宣传色。不过橙色也容易造成视觉疲劳。橙色明视度高，在工业安全用色中，橙色即警戒色。例如，火车头、登山服装、背包、救生衣等都使用到橙色，橙色一般可作为喜庆的颜色，同时也可作为富贵色，例如，皇宫里的许多装饰都是橙色的。红、橙、黄三色被称为暖色，属于引人注目、给人芳香感和引起食欲的颜色。橙色主要应用于与食物有关的店面中，另外由于橙色也是积极活跃的色彩，除了用于经营食品的网店中还会经常用在经营家具用品、时尚品牌、运动，以及儿童玩具等网店中。

（三）黄色

黄色具有活泼与轻快的特点，给人年轻的感觉，它象征光明、希望、高贵与愉快。浅黄色表示柔弱，灰黄色表示病态。黄色的亮度最高，和其他颜色配合让人感到很活泼。黄色有温暖感，具有快乐、希望、智慧和轻快的个性，有希望与功名等象征意义。

黄色与某些食品色彩相似，可以应用于食品类的店铺中。另外，黄色的明度比较高，是活泼、欢快的色彩，有智慧、欢乐的个性。黄色还是前进色，有扩张的感觉，具有金色的光芒，代表权利和财富，是一种骄傲的色彩，因此很多店铺都会用黄色来体现自己商品的高档与华贵。

（四）绿色

绿色在黄色和蓝色（冷暖）之间，属于比较中庸的颜色，这使绿色的性格最为平和、安稳、大度与宽容。绿色是一种柔顺、恬静、满足、优美、受欢迎之色，也是网店页面中使用最为广泛的颜色之一。

绿色与人类息息相关，是永恒的欣欣向荣的自然之色，代表生命与希望，也充满了青春活力，它能使我们的心情变得格外明朗。同时，绿色还象征和平与安全、发展与生机、舒适与安宁、松弛与休息，有缓解眼部疲劳的作用。

绿色通常与环境意识有关，也经常被联想到与健康有关的事物，所以绿色经常会用在与自然、健康有关的网店中，还经常用于生态特产、护肤品、儿童商品或保健健康食品网店中。

（五）蓝色

蓝色是色彩中比较沉静的颜色。它象征永恒与深邃、高远与博大、壮阔与浩渺，是令人心境畅快的颜色。它的朴实、稳重、内向性格，可以衬托那些性格活跃、具有较强扩张力的色彩，同时也可活跃页面。另外，蓝色又有消极、冷淡、保守等含义。如果蓝色与红色、黄色等色运用得当，能构成和谐的对比关系。

蓝色是冷色调最典型的代表色，是网店页面中运用得最多的颜色，也是许多人钟爱的颜色。它表达深远、永恒、沉静、无限、理智、诚实、寒冷等多种感觉。蓝色给人很强烈的安稳感。同时蓝色还能表现出和平、淡雅、清净、可靠等情感，多用于科技产品、家电产品、化妆品或旅游类网店中。

（六）紫色

紫色是最具优雅气质的颜色，能给人一种成熟与神秘感。它是女性的专属色之一。从 T 台秀场到大街上，紫色都会出现在人们的视线中，这些紫色有的优雅、高贵，有的极其"街头范儿"，各种精彩搭配，显示出了紫色的百变魔力。然而紫色并不好驾驭，如果搭配不当则会显得过于老气。紫色的明度在色彩中是最低的，它的低明度给人一种沉闷、神秘的感觉。

在紫色中红色的成分比较多时，让人有压抑感、威胁感；如果加入少量的黑色，给人神秘、难以捉摸、高贵的感觉；如果加入白色，可使紫色沉闷的性格消失，变得优雅、娇气，充满女性的魅力。

紫色通常用于以女性为对象或以艺术品为主的网店中。另外紫色是高贵华丽的色彩，很适合表现珍贵、奢华的商品。

七、网店装修注意事项

网店需要借助网页来展示自己，以吸引消费者的注意力。也就是说，网店在经营中同样不能忽视装修的问题。做好网店装修，把店铺的优势、特色展示出来是非常重要的，想要自己的网店和别人的不同，重点就在于网店的装修。那么，火爆网店的投资者在装修店铺时要注意哪些问题呢？

（一）店铺风格要与产品相符

做网店装修不但要按照宝贝的优点与特色来确定网店的主体风格，还要确定好网店的人群定位，了解消费对象喜欢的风格。一般来说，你的消费对象是 16～25 岁的年轻女性，那么网店可以是小清新、浪漫、甜美风格的；销售冬装的可以使用一些暖色的色调，卡通的风格；如果是销售女装的，那么店铺风格就很多了，因为女装细分下来有很多定位，高档女装网店的风格应高贵优雅，可以选择紫色或黑色显得比较高贵一点的颜色，小清新的女装可以采用暖色调，以浅色为主。

（二）店铺的风格要统一

网店的整体装修风格要统一，从店招、店标、主页到详情页，都要采用相同或相似的颜色，这样才可以让页面更加完整统一。有些店家把网店搞得五颜六色、花花绿绿，不要以为色彩多就可以吸引顾客，其实这样的网店装修，反而会让顾客觉得眼花缭乱，视觉效果一点都不好，就算产品再好，顾客也没心思继续看下去。店铺的色调最好不超过 3 种，色彩过多，会显得网店很不专业，网店风格统一之后可以让网店更加有整体感，给顾客更舒适的视觉体验。

（三）不要抢产品的风采

网店装修的目的是为了促成订单，提高网店销量，让产品更加好卖，所以切记，网店装修不可以抢了产品的风头，网店装修夸张一点的确可以吸引顾客眼球，但仅仅以装修吸引顾客是没有用的，重点是产品。如果顾客的视线全部在网店装修上，那么产品呢？只是衬托吗？网店装修是为了衬托产品，突出产品，所以让顾客的视线转到产品上才是关键，一个优秀的网店装修不仅要吸引顾客眼球，更要突出产品，这才是最关键的。

（四）勿用太多图片

很多店家在做网店装修时喜欢用很多漂亮的素材图片，以显得网店更加漂亮，但是图片不可以太多，因为图片太多的话，会影响网页打开的速度，如果顾客在打开网页的时候，要等很长时间图片才能显示出来，很多没有耐心继续等下去的顾客就会直接关掉网页，从而流失很多顾客，所以，网店装修时勿用太多图片。

【同步实训】

一、实训概述

本项目实训为电商平台选择与部署，学生通过本项目的学习，能够完成电商平台调研、平台选择与部署并掌握相关操作技能。

二、实训素材

安装有基本办公软件与制图软件的计算机。

三、实训内容

学生分组，并选出各组组长，以小组为单位进行实训操作。在本实训中，每小组根据指定的店铺或产品完成平台选择与部署工作。

任务一　电商平台调研

教师指定某店铺与商品，学生根据该店铺与商品进行平台调研。

电商平台调研	对目前主流电商平台进行调研
电商平台分析	分析各电商平台的优势及劣势

任务二　平台选择与部署

学生根据指定店铺和商品，完成平台选择与部署工作。

平台选择	结合店铺、商品选择合适的平台
网店装修设计	包括网店装修基本流程、店招设计、海报设计、促销区设计
商品信息编辑与发布	包括商品标题撰写、详情页设计、发布基本流程
网店日常维护与管理	包括订单处理、评价处理、上下架及橱窗推荐

四、考核评价

各个小组可以通过本实训的展示。由学生本人完成"自我评价"内容，本组组长完成"小组评价"内容，教师完成"教师评价"内容。

1. 评价表

评价项目	评价内容	评价标准	评价方式		
			自我评价	小组评价	教师评价
专业能力	任务一：平台调研（25分）	1. 平台调研是否严谨（10分） 2. 平台分析是否到位（15分）			
	任务二：平台选择与部署（65分）	1. 平台选择是否合适（10分） 2. 是否掌握网店装修的基本流程（5分） 3. 是否掌握店招设计的技巧（5分） 4. 是否掌握海报设计的技巧（5分） 5. 是否可以设计出促销区内容（5分） 6. 是否可以完成商品标题的撰写（5分） 7. 详情页设计是否能够说明商品基本信息（5分） 8. 是否可以完成商品的发布（5分） 9. 是否掌握订单处理的基本方法（5分） 10. 是否能够完成评价处理工作（5分） 11. 是否能够完成上下架及橱窗推荐的基本操作（5分）			
职业素养	1. 责任意识（4分） 2. 学习态度（3分） 3. 团结合作（3分）				
总分					
综合得分	教师根据学生的实训表现进行综合打分，其中自我评价占20%，小组评价占30%，教师评价占50%				

2. 教师根据各组实训进程及成果展示进行评价。

（1）找出各组的优点点评；

（2）找出展示过程中各组的缺点点评，提出改进方法；

（3）总结整个实训中出现的亮点和不足。

【巩固与提高】

一、单选题

1. 关于天猫平台下列说法正确的是（   ）。

   A. B2C 领域的老大

   B. 利润主要来自于流量、广告和技术服务费

   C. 自身物流方面欠缺，主要依靠第三方物流

   D. 以上答案均正确

2. 海报的组成元素一般包含（   ）。

   A. 背景　　　　　B. 产品　　　　　C. 文案　　　　　D. 以上均是

3. 商品标题是由（   ）构成的。

   A. 核心词　　　　B. 属性词　　　　C. 长尾词和促销词　　D. 以上均是

4. 商品标题中的核心词一般包含（   ）。

   A. 产品词　　　　B. 产地词　　　　C. 类目词　　　　D. 品牌词

5. 下列不属于网店日常维护与管理的是（   ）。

   A. 订单处理　　　B. 上下架管理　　C. 店招设计　　　D. 评价

二、简答题

1. 什么是店招？

2. 什么是红包和满减券？

三、论述题

1. 简述促销区设计包含哪些核心要素。

2. 简述商品详情页一般包含哪些内容。

四、操作题

挑选某店铺和产品，完成平台选择和部署的工作。

03 项目三
网络营销策划与实施

　　为提高网店的流量和人气，卖家需要持续对店铺和产品进行推广，以带动成交量。在具体展开营销推广时，需要在针对具体店铺或产品进行前期策划的基础上，展开实施。本项目将从网络营销策划与实施两方面进行讲解，在培养学生掌握相关知识的同时锻炼其实践技能。

【学习目标】

知识目标

1. 掌握网络营销策划的步骤；
2. 掌握直通车开通的条件及方法；
3. 了解淘宝客的概念；
4. 掌握推广活动的一般类型。

能力目标

1. 能够针对店铺或产品选择合适的推广方式；
2. 能够熟练使用淘宝客进行推广；
3. 能够合作组织并策划一场简单的营销推广活动。

【项目情景】

　　陕西某软香酥是一家专门经营软香酥产品的店铺，其天猫官方旗舰店店招如图 3-1 所示。其店内产品属高蛋白、低脂肪类营养食品，具有酥软绵甜、口味纯正等特点，是老少皆宜的居家甜品，除被用作日常食用外还可作为节日赠礼馈赠亲友。在元宵节来临之际，该店铺计划针对店内产品进行一场营销推广活动，包括推广策划实施和营销活动实施，需要营销人员在完成前期策划的基础上展开具体活动。

图3-1　陕西某软香酥天猫店店招

模块一　任务分解

　　陕西某软香酥官方店的营销人员需要对品牌和产品进行持续推广，深化其在用户群中的印象和好感度。运营人员一般将营销分为两个阶段，分别是推广策划阶段、营销活动设计与实施阶段。本项目将从这两方面展开，讲解网络营销策划与实施的相关知识与技能。

任务一　网络推广策划与实施

　　古语说"凡事预则立，不预则废"，在互联网飞速发展的今天，这句话仍旧成立，网店在进行网络推广策划时，针对推广目标制定网络推广策划方案是第一步也是最重要的一步。

一、网络推广策划的分析

　　在进行推广策划前，需要对企业本身、市场环境进行分析评估，进而明确营销的出发点，陕西某软香酥就企业品牌文化与目标、市场现状、内外环境三方面展开了具体分析。

（一）品牌文化与目标

　　品牌文化的分析认知对网络推广的策划有非常重要的作用，品牌文化对企业而言是竞争的核心，它不仅对企业的管理、生产、销售等有深层次的影响，而且对产品在市场中的信任度、知名度有重要的作用。企业网络推广不仅是将自己的产品推向市场，更要将自己的品牌文化推向市场，让用户在接受产品的同时，理解产品背后的企业文化。因此，企业的网络推广策划首先需要进行品牌文化的推广。

陕西某软香酥天猫官方店铺立足中国西北，为了能使企业的产品从同类产品中脱颖而出，该企业的管理者和员工一直本着立志、创新、发展、团结、拼搏、创品牌的精神，为企业的发展而努力。因此，该企业无论是品牌还是产品都蕴含着企业立志、创新、拼搏的文化。在网络推广策划时应充分将企业文化融入推广方案当中。

如果说企业品牌文化在网络推广中对信任度、知名度起着重要的作用，那么企业经营目标则直接影响企业经营的成败。对于任何一个企业而言，经营的目标是企业发展的指南针，它决定了企业的发展方向及企业的经营模式，而这些必然影响企业网络推广的方式与方法。因此，在进行企业的网络营销推广前，需要清楚企业的经营目标，以便在推广策划时抓住重点。

陕西某软香酥天猫官方店铺开设的目的是要在企业的销售环节引入互联网思维，通过电商渠道提高品牌知名度，扩大品牌影响力，实现提高销售量的最终目标。因该品牌店铺以天猫店铺为主，因此在进行网络营销推广时需要着重考虑天猫平台的网络营销活动特征，使推广更有针对性。

（二）市场现状

陕西某软香酥企业主要经营具有地方特色的传统糕点，在电子商务还没有走进人们的日常生活中时，人们若想购买陕西某软香酥，需要很早去店面排队。为了保障质量该企业每天生产的数量有限，因此并不是所有的用户都可以买到。伴随着电子商务的发展进步，越来越多的用户开始通过电商平台购物，与此同时有越来越多的传统糕点企业入驻电商平台，如北京稻香村、天津桂顺斋、杭州金顺昌等，这些传统糕点的"大佬"们纷纷入驻电商平台，严重影响了陕西某软香酥的销量，不仅如此，更受年轻人喜爱的蛋糕也在悄无声息地抢夺着传统糕点的市场。

基于此，陕西某软香酥企业调整经营策略，将销售的中心转至互联网，在主流的电商平台开设了官方店铺，且聘用网络运营人员，为该品牌的网络推广进行策划。该店铺的网络运营人员从用户习惯、传统糕点竞争企业、新兴糕点竞争企业三个维度进行市场分析：陕西某软香酥企业因经营地方糕点，所以产品有很强的地域性，用户群体主要集中在陕西及周边地区，在进行推广方案策划时需要重点考虑陕西地区用户的习惯；传统糕点企业一般具有很强的地域特性，糕点的口味也各有特点，不存在相同的情况，陕西某软香酥企业较北京稻香村、杭州金顺昌、天津桂顺斋等传统糕点企业有自己的产品特点，因此在推广策划时要抓住产品口的味特点。新兴糕点与传统糕点不仅在口味上有较大的差别，还在"文化"上有较大的不同，新兴糕点如蛋糕、曲奇、面包等均来自西方，与土生土长的传统糕点在制作方法、文化内涵上有着很大的差别，因此在进行传统糕点推广策划时，应抓住"文化"差异。

（三）内外部环境分析

内外部环境分析是综合企业内部和外部市场情况进行的综合分析，SWOT 分析法是最常见的内外部环境分析方法，其中的 S（Strengths）是企业具备的优势，W（Weaknesses）是企业具备的劣势，O（Opportunities）是企业具有的机会，T（Threats）是企业面临的威胁。陕西某软香酥企业结合内外部环境，进行了 SWOT 分析，分析结果如下：

优势：质量优势、原料优势、价格优势、品牌优势、地域优势；

劣势：产品种类少，除陕西省之外在其他区域知名度低，企业成立时间较短；

机会：加大宣传和促销力度可提高品牌美誉度，是传统节日的需消品，在传统节日多加宣传有利于拓宽市场；

威胁：同类型产品众多、竞争激烈，原料价格上涨。

至此，陕西某软香酥企业已经完成了品牌文化与目标、市场现状、内外环境三方面的分析，接下来该企业的运营人员就需要依据分析结果制定相应的营销策略。

二、网络推广策略的制定

陕西某软香酥企业在完成了网络推广策划分析后，接下来需要依据分析结果，结合淘宝平台的推广工具进行网络推广策略的制定。

陕西某软香酥企业在经过推广策划分析后，将目标市场用户确定为个人用户和企业用户。个人用户相对来说采购量小，对包装、产品、价格、品牌及食品安全性比较敏感，群体基数大；企业用户则采购量大，对产品价格及食品安全较为重视，对包装的讲究程度相对较浅，考虑到淘宝平台个人用户多于企业用户，因此该运营团队将个人用户定位为其主要的目标用户。元宵节临近，该企业运营团队想抓住元宵节促销的机会，进行产品推广，以提高产品的销量。销量的提升自然离不开流量的提升，淘宝平台为了最大限度地帮助商家吸引到流量，推出了直通车、淘宝客等推广工具。这些工具各有优劣，对于刚刚杀入电商领域的陕西某软香酥企业，选择适合企业的推广工具成为了推广策划策略的重要环节。

直通车是淘宝/天猫为卖家量身定制的、能够实现宝贝精准推广的工具，它采用竞价、点击付费的方式给宝贝带来曝光量的同时，精准的搜索匹配也给宝贝带来精准的潜在用户。陕西某软香酥企业经营的产品具有明显的地域特点，在元宵节之际，该产品大多会被当作礼品购买，因此需要对该产品进行有针对性的推广，这符合直通车的特性，因此该运营团队计划通过直通车进行元宵节期间的产品推广。

淘宝客活跃在网络的各个角落，需利用多种方式帮助卖家推广产品以获取佣金的一种推广方式。淘宝客按成交量计费，卖家通过设置佣金来吸引淘宝客为其推广，该推广方式的最大优势是推广成本较低且覆盖面广，因此较适合规模不大且具有一定品牌影响力的中等级商家。此外，淘宝客推广还具有资源面广的特点，能让互联网上更多流量、更多人群帮助推广售卖，数百万活跃推广者深入互联网的各个领域。当然，在具体进行淘宝客推广时，要建立基于淘宝客的网络销售队伍而不只是临时做广告。

在经过分析后陕西某软香酥运营团队决定，将直通车、淘宝客同时作为此次元宵节推广的主要工具，以扩大品牌知名度，提高产品销售量，实现营销目标。

三、网络推广实施

"千里之行，始于足下"，陕西某软香酥天猫官方店铺运营团队在确定以直通车、淘宝客作为推广工具后，接下来具体使用推广工具进行操作。

（一）直通车

1. 直通车的开通

直通车的开通对网店是有条件要求的，只有卖家满足了信用等级≥两颗心，网店动态评分各项≥4.4分，主营产品所属类目加入"消保"并缴纳保证金，如果是天猫卖家还要满足网店动态评分各项≥4.4分，才可申请开通直通车。直通车的开通方式有两种，一种是通过"卖家中心"下的"我要推广"进行开通，另一种是直接登录"直通车"网站进行开通，这两种开通方式均可实现开通，用户可以自行选择。

（1）方式一

卖家从"卖家中心"—"营销中心"—"我要推广"进入直通车的申请入口，签署一份直通车软件服务协议，勾选"接受协议"，即可开通，如图3-2所示。卖家首次开通直通车需最低充值500元。

图 3-2　直通车入口 1

（2）方式二，卖家从"直通车"进入，按照相关提示完成开通，如图 3-3 所示。

图 3-3　直通车入口 2

2. 宝贝推广

宝贝推广是直通车最基础的一种推广方式。卖家在直通车首页新建或选择已有的计划进入，单击"新建宝贝推广"，选择需要推广的宝贝，进入下一步添加创意，如图 3-4、图 3-5 所示。添加创意页面包括设置创意图片和标题，标题设置时要突出宝贝的功能、特性、优势与品牌等。

创意设置完成后进入关键词和出价设置环节，如图 3-6 所示。系统会推荐与宝贝匹配相关的关键词，卖家可以在这些系统推荐的或通过其他方式筛选出的关键词当中进行选择。出价一般参照默认的类目行业词均价，后期可以根据效果调整。关键词和出价设置完后，卖家单击页面下方的"完成"按钮即可完成宝贝推广。

图 3-4　默认推广计划

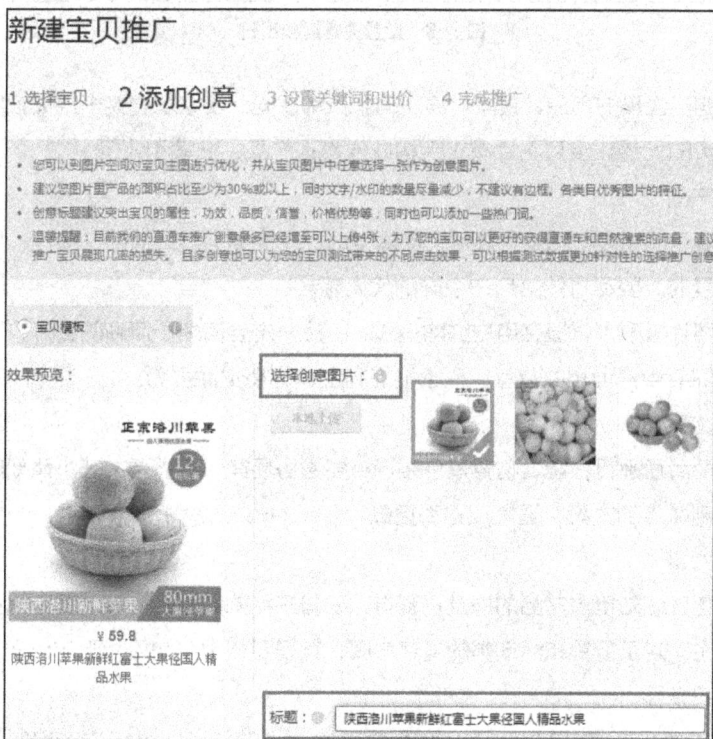

图 3-5　新建宝贝推广

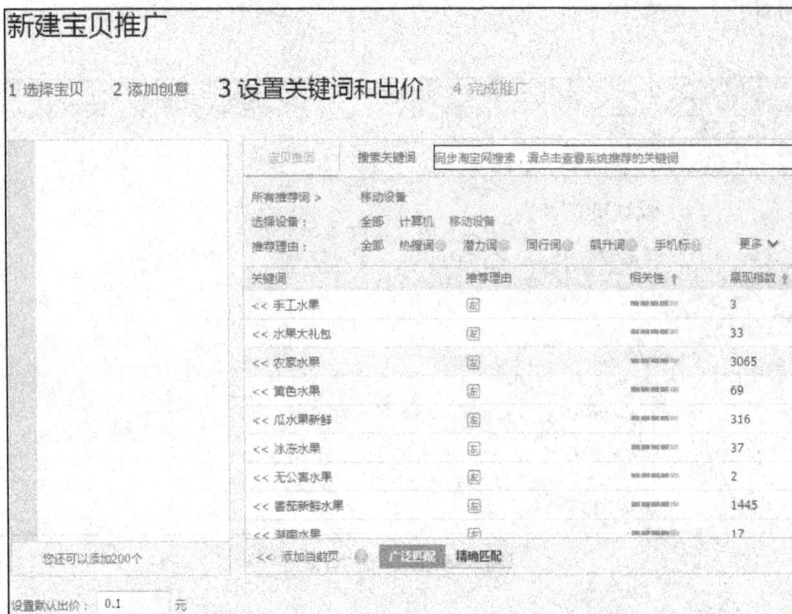

图3-6 设置关键词和出价

对于购买宝贝的用户，搜索后展现的宝贝都雷同，卖家想要突出宝贝就要在图片上凸显宝贝的优势。宝贝图片有三大构成要素：产品、文案和背景。

（1）产品

产品展示的角度很重要，展示产品本身时，轮廓要完整、清晰、美观；展示产品的使用场景时，要尽可能给用户很好的代入感。

想要图片吸引人，提高用户的购买欲，图片一定要清晰。清晰的图片，不仅能展现产品的细节和各种相关信息，而且能提高宝贝的视觉冲击力。

（2）文案

文案要清晰醒目，切勿与背景色相近；要通俗易懂，不需要文艺小清新的描述。直达用户利益点的文案，通常点击率更高。

（3）背景

背景色调切勿抢占产品的视觉注意点，要与产品的调性相协调，要突出产品，切勿喧宾夺主。对于促销和活动类的直通车图，背景图通常会使用大胆的色调，烘托出浓厚的节日氛围。

卖家在制作直通车图片时，可以根据不同产品的特点，进行突出和创新。比如生鲜类的产品，物流是用户最关注的点之一，所以卖家在文案上展示物流信息会极大提高用户的购买欲望，并且降低用户对产品运输中存在风险的担忧，提高转化率。卖家还应注意，图片要尽量还原产品原本的样子，这样才会提高用户对产品的信任度，促成交易。如果产品图片的色彩过于浓艳，与实际产品相差太大，会带来负面影响。

在直通车推广过程中，除了注意图片的优化外，还应注意不同的产品对地域的要求，根据产品的特性设置不同的投放地域，结合前期测试的投放效果，进行定期的地域投放优化。

卖家要设置投放地域，单击推广计划右上方的"设置投放地域"进入设置页面，选择适合产品特性的地区进行推广，如图3-7、图3-8所示。

图 3-7　推广计划页面

（二）淘宝客

1. 淘宝客的开通

淘宝客的使用也需要从开通开始。淘宝客的开通方式有两种，一种是从"卖家中心"下的"我要推广"进行开通，另一种是通过"阿里妈妈"进行开通，用户可以自由选择，具体的开通步骤如下所述。

（1）方式一

卖家从"卖家中心"进入"营销中心"，单击图3-9所示的"我要推广"，进入图 3-10 所示的界面，可以看到几种常见的推广方式，有直通车、钻石展位、淘宝客等，进入淘宝客申请入口，签署一份《淘宝客推广软件产品使用许可》协议，勾选"确认"后，填写支付宝代扣款协议，输入支付宝账户和支付密码，确认协议后即可参与推广。

图 3-8 设置投放地域

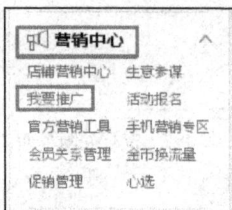

图 3-9 开通入口选项

图 3-10 开通淘宝客方式一

（2）方式二

卖家直接从阿里妈妈进入，如图 3-11 所示。卖家登录账号后单击"进入我的淘宝客"（进入后如果提示要求补充邮箱、昵称及手机号，则应根据提示补充），在页面左侧单击"账户"—"加入淘宝客"，同意相关参加推广的协议，确认支付宝代扣款协议，输入支付宝账户和支付密码，确认协议后即可参与推广。

图 3-11　开通淘宝客方式 2

2. 设置佣金比率

完成淘宝客开通后，需要将后台账户中的信息填写完整，以方便淘宝客了解与咨询相关的信息。

接下来，需要设置各计划的类目佣金比率。设置通用计划，单击该计划右侧的"查看"，如图 3-12 所示，卖家进入类目佣金的设置页面，不同的类目有不同的佣金比率设置范围，一般将通用计划的类目佣金比率设置成要求范围的最低标准，这样设置是由通用计划的特性决定的。

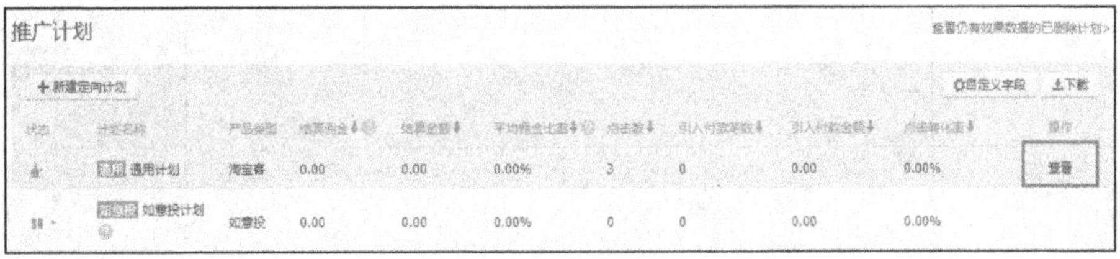

图 3-12　设置通用计划

如果有重点推广的商品，可单独对该商品设置佣金比率（即主推商品），淘宝客成功推广该商品后按单独设置的佣金比率计算佣金。没有单独设置佣金比率的商品按照类目佣金计算。卖家选择新增主推款的计划，单击该计划右侧的"查看"，进入计划设置页面，单击"新增主推商品"，选择需要主推的商品并设置佣金比率，如图 3-13 所示。

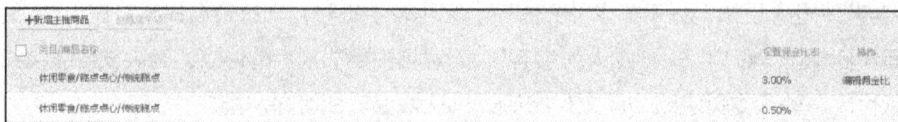

图 3-13　新增主推款

为了吸引和刺激更多的淘宝客推广店铺商品，可以从以下几个方面选择主推商品。

（1）店铺热卖款

根据店铺情况，选择几款热卖商品（4～10 款）作为主推款，吸引更多的淘宝客加入店铺的推广计划。陕西某软香酥企业此次推出了 4 款热卖产品作为主推款产品，并将这些主推款产品放置在首页，以吸引用户购买。

（2）店铺活动款

店铺做促销活动时，可以选取部分利润高的商品作为主推款，提前曝光产品的佣金比率，让更多的淘宝客推广，同时连带推广店铺的其他产品，为活动正式期流量的爆发做准备。陕西某软香酥企业在这次活动中推出了 10 款促销类产品进行折扣售卖，这些折扣信息可以提前曝光。

（3）新建计划

除了官方给定的计划，卖家也可以结合店铺活动、营销目的、产品结构、推广资源位等新建定向计划，以方便管理和后续的数据监测与分析。

单击后台首页的"新建定向计划"，进入计划信息的编辑页面，如图 3-14 所示。

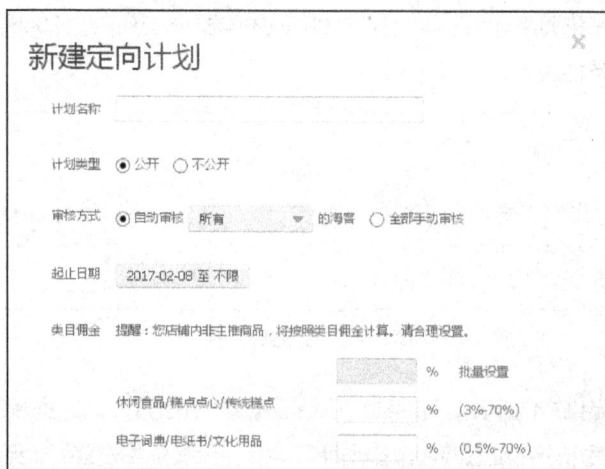

图 3-14　新建定向计划

计划中需要填写的信息包括以下几项。

计划名称：名称的设置要明确告诉淘宝客佣金比率与申请标准，如陕西某软香酥企业的 VIP 10%计划。

计划类型：一般选择"公开类型"，方便所有淘宝客申请；如果卖家和指定淘宝客合作，需要隐藏该计划，则可以选择"非公开类型"。

审核方式：一般选择"全部手动审核"，方便筛选优质的淘宝客。

起止日期：一般设置为该计划推广开始时间到永久或是指定的结束时间。

类目佣金：根据不同计划的目的设置。

计划描述：包含店铺介绍、历史推广数据、奖励机制和卖家联系方式等。

卖家新建定向计划前可以通过淘宝客后台进入淘宝联盟，参考同行店铺的计划设置，如图 3-15 所示。

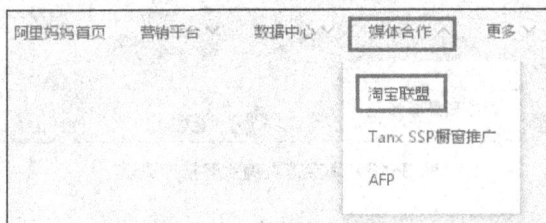

图 3-15　淘宝联盟入口

3. 招募淘宝客

招募淘宝客之前，需要简单了解常见的淘宝客推广形式。淘宝客拥有不同的网上推广渠道和适合自己推广方式的目标受众。常见的淘宝达人推广形式就属于淘宝客的一种，他们在淘宝首页的淘宝头条、有好货、必买清单等模块与其他顾客分享自己的购物经验，推广成功后获取佣金，如图 3-16 所示。

导航类网站如 Hao123 搜索首页板块中的天猫、爱淘宝、聚划算等都是淘宝客的推广形式，如图 3-17 所示。导购推荐类如美丽说、蘑菇街、51 返利等和地方性论坛、导购论坛、QQ 群等也是淘宝客常见的推广形式。

淘宝客推广形式众多，很难直观地从文字、图片上判断，因此，卖家需要借助其他方法，如商品链接。图 3-18 所示是淘宝首页有好货板块中陕西某软香酥天猫官方店铺的一款商品，可以看到链接中 trackid 后面是数字 2，这是系统识别该商品的流量来源代码，表示该资源位是淘宝客推广形式。

图 3-16　淘宝首页淘宝客推广渠道

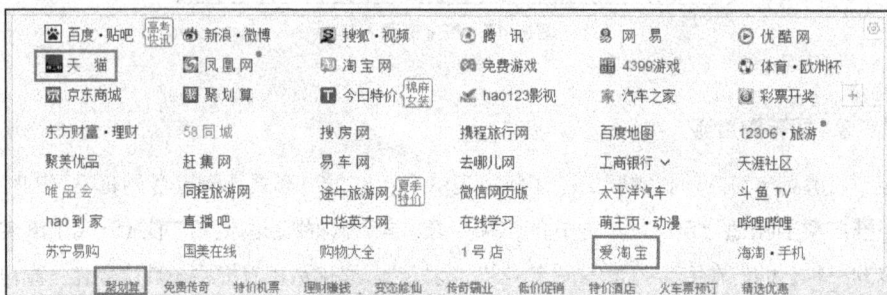

图 3-17　Hao123 导航首页

图 3-18　有好货商品页面

　　此外，卖家如果想了解该商品具体的佣金设置、推广量等，可以直接访问淘宝联盟，登录账号后，选择联盟产品中的单品推广，复制宝贝链接进行搜索，查看对应的推广数据，如图 3-19、图 3-20 所示。

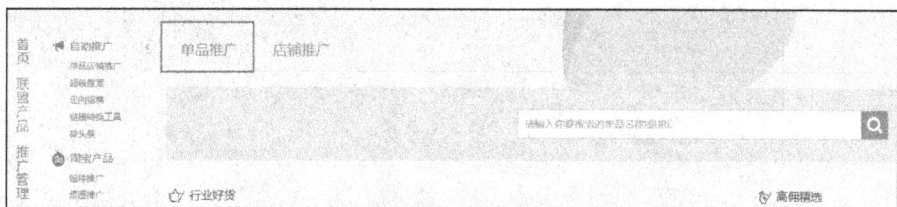

图 3-19　淘宝联盟首页

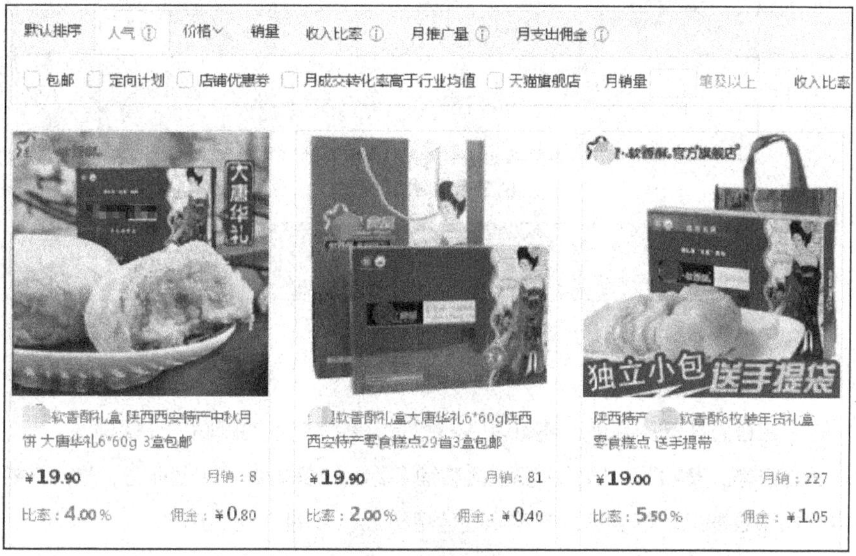

图 3-20　商品推广数据

　　卖家需要通过不同方式挖掘淘宝客，只有掌握淘宝客资源，才能合理利用这些资源，加深品牌印象，提高产品销量。淘宝客招募有多种方式，无论是何种方式，都需要卖家主动联系，多尝试，才能挖掘出更多的淘宝客资源。常见的淘宝客招募方式有以下几种。

　　（1）后台公告招募

　　在淘宝客后台发布招募或与活动相关的公告，吸引淘宝客主动申请加入推广。公告类型包含：掌柜奖励、掌柜促销、掌柜热卖和其他，如图 3-21 所示。

　　公告的标题要有吸引力，如"全店佣金高达 40%""年中促主推款 50% 佣金"等，标题可以适当夸张，但不能脱离实际，一定要把最大的亮点展现出来。公告信息一般包含：店铺名称、店铺链接、店铺活动信息、活动素材下载链接和联系方式等。

　　（2）阿里妈妈社区招募

　　进入阿里妈妈社区，在"找淘宝客"板块进行淘宝客招募，如图 3-22 所示。

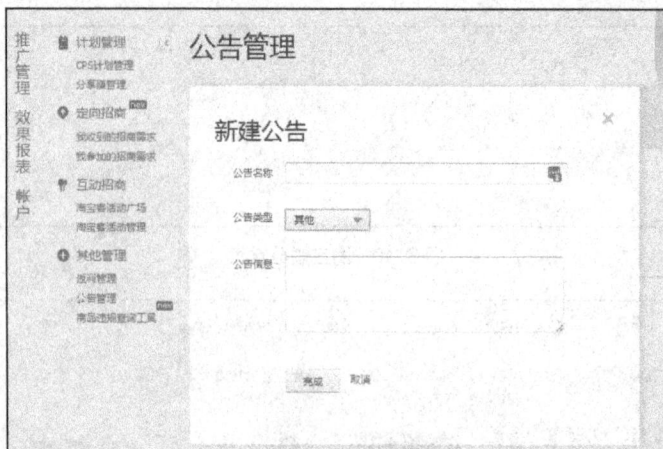

图 3-21　公告管理

图 3-22　阿里妈妈社区

（3）其他论坛招募

除了在官方社区招募外，还可以去一些淘宝客常聚集的网站，如嗨推网、A5 网和站长之家等。发帖时，帖子中要包含店铺名称、店铺地址、主营业务，推广链接、联系方式和数据呈现等信息，并将重要信息标红，如图 3-23 所示。

图 3-23　实例招募贴

招募贴中一般需要包括以下信息点。

标题：写标题时要尽量简化，可以带上一些号召性的词语。

店铺信息：包含店铺名称和店铺链接。

佣金信息：具体的佣金比率和申请店铺推广的链接。

素材下载地址：店铺活动时不同尺寸的素材下载地址。

联系方式、注意事项：注明卖家联系方式并要求淘宝客在申请理由中备注推广方式和联系信息，便于后续的审核管理。

店铺数据：展示店铺的销售数据和转化率等情况，利用各项数据吸引淘宝客推广。

卖家完成招募之后需要对申请的淘宝客进行审核，进入后台计划，单击"淘宝客管理"可以查看每个淘宝客的具体推广情况和审核新申请的淘宝客。

4．数据分析与优化

卖家可以从两方面进行数据分析。一方面是账户总览数据分析，可以从后台查看不同时间段账户整体的点击数、结算金额、引入付款金额、支出的佣金和佣金比率，如图 3-24 所示。根据公司对淘宝客工具的定位，通过合理控制佣金比率达到控制店铺整体利润的目的。由于后台只提供过去 30 天内的数据，所以卖家需要每天采集账户总览的数据，以便于后期对比、分析。比如陕西某软香酥企业在做元宵节活动总结时，需要对比去年同期元宵节的数据效果，分析流量、佣金比率等上升或下降的原因，得出流量下降是因为通知淘宝客的力度不够还是主推款的吸引力不够或其他原因，流量上升是因为今年发起淘宝客的奖励活动或其他原因，通过对比、分析，总结经验，找出不足，便于下次活动更好地开展。

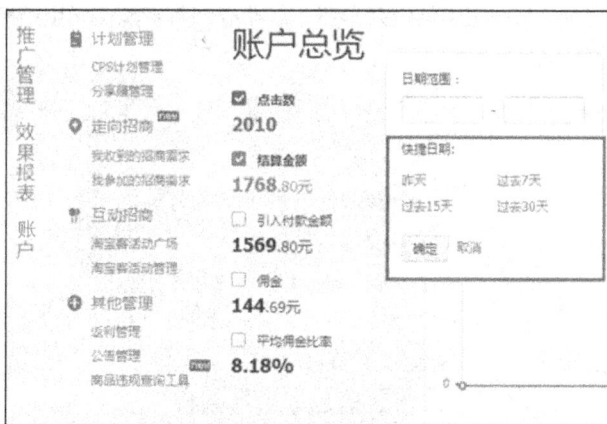

图 3-24　淘宝客后台账户总览

另一方面是淘宝客数据分析，查看每个计划中的淘宝客推广数据，对于各项数据较好的淘宝客，卖家可以主动询问对方是否可以重点推自己店铺或是否有其他合作方式；对于各项数据较差的淘宝客，卖家也应及时联系，询问原因，具体分为以下两种情况。

① 近30天无流量的淘宝客，应主动联系，询问原因，如果对方表示不再做该类目或是不做淘宝客，可标注不再询问；如果是其他原因，可以帮助其找到解决方法。

② 近30天有流量但转化差的淘宝客，可以沟通其具体推广位，询问是否需要素材或是否有其他要求。

对于淘宝客的数据分析和优化，需要卖家不断地维护已有的淘宝客资源，争取潜在的淘宝客，让他们重点推广自己的产品，给店铺更好的资源位，以获取更多的流量，只有双方互动、友好合作，才能满足共同的利益。

任务二　营销活动策划与实施

一、主要营销活动类型认知

（一）主题活动

主题活动是指通过某个热点事件或话题，以时令性类目研究、分析进行的策划活动，可以直接带动某些商品的人气和销量。淘宝中主题形式包括行走出游类、毕业与开学类、借电影之名类和体育浪潮类等。图3-25所示是毕业与开学类主题活动的宣传页，疯狂开学季给用户拟定特定开学日，以唤醒消费者购买学生用品的想法。

图3-25　主题活动宣传页

（二）节假活动

节假活动是根据节假日特点和网店产品、品牌风格所做的店内营销活动，包括元宵节、国庆、中秋节、重阳节等节假活动。

在设置节假活动时，活动时间不宜过长，以免造成用户视觉疲劳，影响整个活动效果。根据节假时长，活动时间可以适当延长 1~2 天，这样会使用户有紧迫感，促使其快速下单。节假活动的目的简单、明确，即完成活动期间的销售目标，获得用户对品牌的认同感。图 3-26 所示为节日活动的宣传页。

图 3-26　节假活动宣传页

（三）会员活动

会员活动是一种基于会员个体的营销方法，卖家通过将普通顾客变为会员，分析会员消费信息，挖掘用户的后续消费力，汲取其更多的消费价值，并通过用户转介绍等方式，将一个用户的价值实现最大化。

会员活动是根据会员的情况制定出来的活动方案，活动方式多样，如会员专属优惠券、积分换购和专属优惠产品等。会员活动可以结合不同会员的等级进行多种形式的策划。运营人员可以策划适用于所有会员的积分换购活动以及高等级会员专享的优惠价抢购活动。卖家开展会员活动，可以增强会员忠诚度，提高网店知名度，从而带动网店销售。图 3-27 所示为会员活动宣传页。

图 3-27　会员活动宣传页

（四）其他活动

除了主题活动、节假日活动和会员活动外，店内营销活动还有其他多种形式，如周年庆、季末清仓、年中大促等。这些活动虽然在具体展现时有所不同，但目标和能达到的效果是一致的，都是在强化店铺品牌形象的同时，增加商品成交量。

二、活动策划

（一）确定活动时间

元宵节临近，陕西某软香酥企业决定做一场元宵节活动推广。为了不给用户造成视觉疲劳，影响整体活动效果，卖家将活动时间设定为 2 月 10 日～2 月 12 日（元宵节当天及前后各一天）。这样会给用户造成时间上的紧迫感，能有效促使其快速下单。

（二）确定营销思路

此次活动的营销思路包含产品特价、买就送、包邮等，这些营销思路在活动时间段内需要放置在网店首页最显眼的地方，让用户一进入网店就能感受到浓厚的节日氛围。买就送选取 1 种产品进行限时抢购，用户买够规定数量即可获赠手提袋，方便送礼时使用。包邮选取两种礼盒和若干袋装产品，对接快递确定为顺丰，确保时效性和用户体验好感度。特价产品设定为 2 个区域，分别为镇店之宝和掌柜推荐，其中镇店之宝内设 4 种产品，掌柜推荐内设 6 种产品，分别满足用户的不同需要。

运营人员策划好特价产品、买就送等营销思路后，需要协调客服、美工、仓库等部门，避免因准备不足而影响活动效果。

（三）活动实施

元宵节活动策划好之后，各部门按节点完成工作。美工与运营沟通，在活动开始前 3～5 天完成网店页面的设计工作。本次元宵节活动的页面主要包括网店海报与包邮活动等。

1. 网店海报

网店海报要简单明了地传达出活动信息，让用户一进入网店就能了解到该店在做的活动，吸引其关注产品促销等信息，如图 3-28 所示。

图 3-28　元宵节活动海报

2. 网店首页装修

　　网店首页的装修至关重要，它能够让用户直观了解哪些产品在做活动，活动力度如何等信息。产品特价、买就送、包邮部分活动页面如图 3-29～图 3-31 所示。

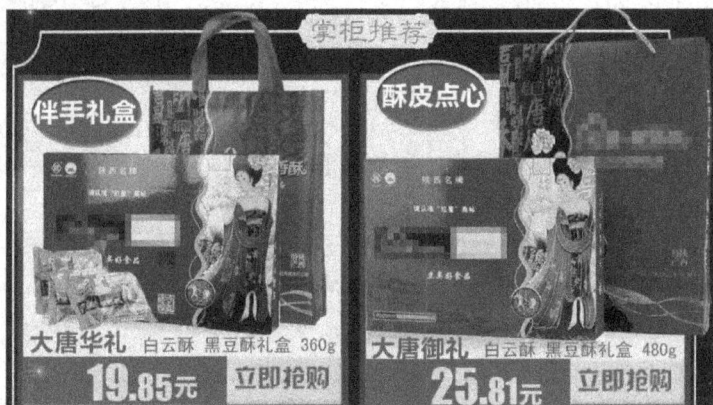

图 3-29　元宵节产品特价

图 3-30　买就送

图 3-31　顺丰包邮

之后，网店运营人员要提前对参加元宵节活动的特价产品进行设置。登录账号，进入"卖家中心"—"店铺营销中心"，如图 3-32 所示。

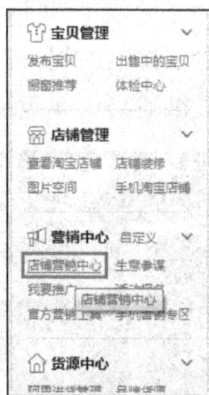

图 3-32　登录入口

选择"店铺特价"选项，如图 3-33 所示。

图 3-33　各活动形式选项

依顺序完成特价产品信息的填写，如图 3-34 所示。需要注意的是，此处要上传活动封面，故需事先制作好活动封面图。

图 3-34　特价信息填写

此外，网店运营人员还要提前给参加活动的产品设置满就送和免邮。单击"满就送"选项，进入满送工具设置页面，编辑活动名称、活动时间等信息，也可以在该图所示界面设置免邮，如图 3-35 所示。

图 3-35　设置满送活动及免邮

至此，活动安排已经完成。在活动执行期间，店铺各部门要做好配合。推广人员要及时关注活动进展情况，出现偏差时，要采取适当补救措施。活动结束后，要对此次活动进行分析和总结，找出存在的问题，给出优化建议。客服人员要预先做好准备，如提前设置好快捷回复等，便于在用户进行咨询时，能够快速回复并解决问题，优化用户体验。

模块二 相 关 知 识

一、什么是淘宝客

淘宝客是按成交计费的推广模式，淘宝客需要从后台推广专区获取商品代码，任何买家经过自己申请的推广链接进入淘宝卖家店铺完成购买并确认收货后，就可以从淘宝卖家获取相应的佣金。

淘宝卖家不用按点击或展现付费，只需在淘宝客推广成功后，付给他们一定的佣金，这种推广模式精准、安全、风险低。开通淘宝客的卖家只需招募和管理淘宝客，合理设置佣金比率和主推款，在保障有效控制成本的同时，使产品获得较多的曝光，从而为店铺导入更多的流量，带来更高的收益。

开通淘宝客工具的店铺，需要各方面均已成熟，如商品具备了良好的基础销量和历史评价，产品的利润足够支撑高佣金的支付等。

开通淘宝客要事先了解店铺是否满足官方规定的准入规则，具体包括。

① 卖家信用等级在一心以上或参与了消费者保障计划。

② 卖家店铺动态评分各项分值不低于 4.5。

③ 店铺状态正常且出售中的商品数大于等于 10 件。

二、店铺推广形式——直通车

直通车是按点击付费（Cost Per Click，CPC）的效果进行营销的工具，它在给宝贝带来曝光量的同时，精准的搜索匹配也给宝贝带来精准的潜在买家。通过一个点击，让买家进入店铺，产生一次甚至多次店铺内跳转流量，这种以点带面的关联效应可以降低整体推广成本，增强整店的关联营销效果。

买家在淘宝网通过输入关键词搜索商品或按宝贝分类进行搜索时，如果点击直通车推广位的商品，系统就会根据该商品所设定的关键词或类目的出价进行扣费。

直通车能给店铺中的宝贝以及整个店铺带来更多流量，提高宝贝和店铺的曝光率，这主要体现在以下几个方面。

① 在直通车中推广宝贝，当买家搜索与此宝贝相关的关键词时宝贝就有机会被展现，大大提高了宝贝的曝光率，给卖家带来更多的潜在顾客。

② 只有想购买此宝贝的顾客才会看到相应的宝贝，给卖家带来的点击都是有购买意向的，带来的顾客都是购买意向明确的。

③ 直通车能给整个店铺导流，虽然推广的是单个商品，但很多买家进入店铺后，还在点击其他宝贝，因此一个点击带来的是一个甚至多个店铺内的跳转流量，这种连锁反应，是直通车最大的优势。

④ 可以参加更多的淘宝促销活动，有不定期的直通车用户专享活动及淘宝单品促销活动。

卖家开通直通车前需要注意以下事项：

① 是否对工具有足够的了解；

② 产品价格是否有竞争优势；

③ 图片是否有吸引力；

④ 产品是否有基础销量。

三、设置满就送的好处

设置满就送，一方面可以激起用户的兴趣，另一方面还能带动其他商品的销量，看似是赔本生意，其实只要操作得好，完全可以带来高额利润。通过设置满就送，可以刺激消费者在店铺内购买更多的商品，进一步提升客单价，同时也能减少库存积压，赢得消费者对店铺的好感。

四、网络推广的含义

网络推广是以企业产品或服务为核心内容，建立网站，再把这个网站通过各种免费或收费渠道展示给网民的一种推广方式，这种方式可以达到小投入大回报的效果。常见的推广方式就是整体推广、百度推广等，免费网站推广就是论坛、SNS、交换链接、B2B平台建站、博客以及微博、微信等新媒体渠道方式。狭义的网络推广的载体是互联网，离开了互联网的推广就不算网络推广。

五、网络推广的技巧

网络推广和网络营销是两个不同的概念，网络营销偏重于营销层面，更重视网络营销后是否产生实际的经济效益；而网络推广重在推广，注重的是通过推广给企业带来的网站流量、世界排名、访问量、注册量等，目的是扩大知名度和影响力。可以说，网络营销必须包含网络推广这一步骤，而且网络推广是网络营销的核心。

另外一个容易模糊的概念是网站推广。网站推广是网络营销中极其重要的一部分，网站是网络的主体，很多网络推广都包括网站推广。当然，网络推广还包括非网站的推广，如线下的产品、公司推广等。这两个概念容易混淆是因为网络推广活动贯穿于网站的生命周期，在网站策划、建设、推广和反馈等网站存在的一系列环节中都涉及网络推广活动。

网络广告是网络推广所采用的一种手段。除了网络广告以外，网络推广还可以利用搜索引擎、友情链接和网络新闻炒作等方法来进行。

随着互联网的迅速发展，网民将会越来越多，截至 2010 年 12 月底，中国网民数量已经达到 4.57 亿，位居世界第一，网络的影响力也将会越来越大。如果不希望在互联网上做一个信息孤岛，就要有效实现网络宣传。对企业而言，做好网络推广，可以带来经济效益；对个人而言，可以认识更多的朋友。常见的网络推广技巧有以下几种。

（一）病毒式营销

说到病毒式营销，行外人听了一般都会以为是以传播病毒的方式开展营销，其实所谓的病毒式营销指的是信息像病毒一样被传播和扩散，利用快速复制的方式传向数以万计的受众。这是一种最为有效也是最为常见的企业营销方式。

（二）网络广告

中国是个人口大国，网民数全球最多，在现今这个快节奏的信息化经济时代，随着互联网给企业带来的便利性越发明显，网络广告也成了最受欢迎的广告形式之一。网络广告的主要特点是操作简便、成本低、见效快、受众人群广。

（三）信息发布

信息发布是一个企业进行自我宣传的过程，不管发布什么内容的信息，这个过程就是营销过程。消费者通过网络了解企业的相关信息，从而主动联系企业相关负责人员，这就改变了以往企业被动式的营销方式，这种变被动为主动的营销方式与广告投放相结合，会产生很明显的效果。

（四）邮件列表

邮件列表实际上是一种 e-mail 营销方式，邮件的方便之处在于邮件内容以及形式的多样化，没有广告性质的限制，发布的时候不需要太多的技巧，而且针对性强，属于精准营销。

六、网络营销的含义

网络营销是随着互联网进入商业应用而产生的，尤其是在万维网（WWW）、电子邮件（e-mail）、搜索引擎等得到广泛应用之后网络营销的价值才越来越明显。

它是企业整体营销战略的组成部分，是为实现企业总体经营目标所进行的，以互联网为基本手段营造网上经营环境的各种活动。网络营销可以利用多种手段，如e-mail营销、博客与微博营销、网络广告营销、视频营销、媒体营销、竞价推广营销、SEO（搜索引擎优化）排名营销、大学生网络营销能力秀等。总体来讲，凡是以互联网或移动互联网为主要平台开展的各种营销活动，都可称为整合网络营销。简单地说，网络营销就是以互联网为主要平台进行的、为达到一定营销目的的全面营销活动。

七、网络营销的优势

网络媒介具有传播范围广、速度快、无时间地域限制、内容详尽、多媒体传送、形象生动、双向交流和反馈迅速等特点，可以有效降低企业营销信息传播的成本。网络销售无店面租金成本，且可以实现产品直销，能帮助企业减轻库存压力，降低运营成本。

首先，互联网覆盖全球市场，通过它，企业可方便快捷地进入任何一国市场。尤其是世贸组织第二次部长会议决定在下次部长会议之前不对网络贸易征收关税以后，网络营销更为企业架起了一座通向国际市场的绿色通道。网络营销具有交互性和纵深性，它不同于传统媒体的信息单向传播，而是信息互动传播。通过链接，用户只需简单地点击鼠标，就可以从厂商的相关站点中得到更多、更详尽的信息。另外，用户可以通过广告位直接填写并提交在线表单信息，厂商可以随时得到宝贵的用户反馈信息，进一步减少了用户和企业、品牌之间的距离。同时，网络营销可以满足进一步的产品查询需求。

其次，网络营销具有成本低、速度快、更改灵活、制作周期短的特点，即使在较短的周期进行投放，也可以根据客户的需求很快完成制作，而传统广告制作成本高，投放周期固定。相对于传统营销方式，网络营销是多维的，它能将文字、图像和声音有机地组合在一起，传递多感官的信息，让顾客如身临其境般感受商品或服务。网络营销的载体基本上是多媒体、超文本格式文件，广告受众可以对其感兴趣的产品信息进行更详细的了解，亲身体验产品、服务与品牌。同时，网络营销更具有针对性，通过提供众多的免费服务，网站一般都能建立完整的用户数据库，包括用户的地域分布、年龄、性别、收入、职业、婚姻状况与爱好等。

最后，网络营销具有可重复性和可检索性，可以将文字、声音、画面完美地结合之后供用户主动检索，重复观看。而与之相比电视广告却是让广告受众被动地接受广告内容。

八、网络营销策划策略

网络营销策划并不单指网站推广，也并不单是网上销售，所以，网络营销带来的效果也有多种表现，如网络营销对客户服务的支持、对线下产品销售的促进和对公司品牌拓展的帮助等。网络营销策划是为了达成特定的网络营销目标而进行的策略思考和方案规划的过程。常见的网络营销策略有以下几种。

（一）网络品牌策略

网络营销的重要任务之一是在互联网上建立并推广企业的品牌，知名企业的网下品牌可以在网上得以延伸，一般企业可以通过互联网快速树立品牌形象并提升企业整体形象。网络品牌建设以企业网站建设为基础，通过一系列的推广措施，实现顾客和公众对企业的认知和认可。在一定程度上来说，网络品牌的价值甚至高于通过网络获得的直接收益。

（二）网页策略

中小企业可以选择比较有优势的地址建立自己的网站，建立后应安排专人进行维护，并注意宣传。与原来的传统市场营销相比，这样可以节省很多广告费用，而且搜索引擎的大量使用会提高搜索率，一定程度上来说比广告效果要好。

（三）产品策略

常见的产品策略有拓宽产品组合，即增加产品线或产品组合；缩减产品策略，即集中力量经营一个系统的产品；产品延伸策略，即改变原先全部或部分产品定位，或往上定位高档延伸，或向下定位低档延伸，或双向延伸，由原先的经营中档产品向商档和低档延伸。

（四）价格策略

价格策略是最为复杂的问题之一。网络营销价格策略是成本与价格的直接对话，由于信息的开放性，消费者很容易掌握同行业各个竞争者的价格，如何引导消费者做出购买决策是关键。由于竞争的冲击，网络营销的价格策略应该适时调整，可根据营销的目的不同，制定不同价格。例如，在自身品牌推广阶段可以以低价来吸引消费者，在计算成本的基础上，减少利润占有市场；在品牌积累到一定程度后，根据市场供需状况以及竞争对手的报价适时调整价格。

（五）促销策略

营销的基本目的是为增加销售提供帮助，网络营销也不例外，大部分网络营销方法都与直接或间接促进销售有关，但促进销售并不限于促进网上销售，事实上，网络营销在很多情况下对于促进线下销售也十分有价值。以网络广告为代表，网上促销没有传统营销模式下的人员促销或直接接触式的促销，而是使用大量的网络广告这种软营销模式来达到促销效果。这种做法对于中小企业来说可以节省大量人力支出与财力支出。通过网络广告的效应，可以在更多人员到达不了的地方挖掘潜在消费者，还可以通过网络的丰富资源与非竞争对手达成合作，从而拓宽产品的消费层面。网络促销的手法多样，可以避免传统促销的千篇一律，并可以通过将本企业的文化与帮助宣传的网站的文化结合起来，以达到最佳的促销效果。

（六）渠道策略

网络营销的渠道应该本着让消费者方便的原则设置。为了在网络中吸引消费者关注本企业的产品，可以联合其他中小企业的相关产品作为自己企业产品的外延，相关产品的同时出现会更加吸引消费者的关注。为了促进消费者购买，应该及时在网站发布促销信息、新产品信息和企业动态，为了方便购买还要提供多种支付模式，让消费者有更多的选择。在企业网站建设时应该设立网络店铺，加大销售的可能。

（七）顾客服务策略

网络营销与传统营销模式的不同还在于网络营销特有的互动方式，传统营销模式下人与人之间的交流十分重要，营销手法比较单一，网络营销则可以根据自身产品的特性、特定的目标客户群以及特有的企业文化来加强互动，节约开支。网络营销的形式新颖多样，避免了原有营销模式的老套单一化。

九、网络营销策划的基本原则

网络营销策划是一个系统性的工程，在进行具体策划的时候，需要遵循一定原则，具体有以下几点。

（一）系统性原则

网络营销是以网络为工具的系统性的企业经营活动，它是在网络环境下对市场营销的信息流、商流、制造流、物流、资金流和服务流等"六流"进行管理的。因此，网络营销方案的策划，是一项复杂的系统工程。策划人员必须以系统论为指导，对企业网络营销活动的各种要素进行整合和优化，使"六流"皆备，相得益彰。

（二）创新性原则

网络为顾客对不同企业的产品、服务、效用和价值进行比较带来了极大的便利。在个性化消费需求日益明显的网络营销环境中，通过创新来创造和顾客的个性化需求相适应的产品特色和服务特色，是提高效用和价值的关键。特别的奉献才能换来特别的回报。创新带来特色，特色不仅意味着与众不同，而且意味着额外的价值。在网络营销方案策划时，必须在深入了解网络营销环境尤其是顾客需求和竞争者动向的基础上，努力创造旨在增加顾客价值和效用、为顾客所欢迎的产品特色和服务特色。

（三）操作性原则

网络营销策划的第一个结果是形成网络营销方案。网络营销方案必须具有可操作性，否则毫无价值可言。这种可操作性表现为，在网络营销方案中，策划者根据企业网络营销的目标和环境条件，就企业在未来的网络营销活动中做什么、何时做、何地做、何人做、如何做的问题进行周密的部署、详细的阐述和具体的安排。也就是说，网络营销方案是一系列具体、明确、直接、相互联系的行动计划的指令，一旦付诸实施，企业的每个部门、每个员工都能明确自己的目标、任务、责任及完成任务的途径和方法，并懂得如何与其他部门或员工相互协作。

（四）经济性原则

网络营销策划必须以经济效益为核心。网络营销策划不仅本身消耗一定的资源，而且会通过网络营销方案的实施，改变企业经营资源的配置状态和利用效率。网络营销策划的经济效益，是策划所带来的经济收益与策划和方案实施成本之间的比率。成功的网络营销策划，应当是在策划和方案实施成本既定的情况下取得最大的经济收益，或花费最小的策划和方案实施成本，取得目标经济收益。

（五）协同性原则

网络营销策划应该是各种营销手段的应用，而不是方法的孤立使用。诸如论坛、博客、社区、网媒等资源要协同应用才能真正实现网络营销的效果。

十、e-mail 营销的实用技巧

现今，很多人都认为 e-mail 营销已经过时了，其实它仍具有极佳的投资报酬率，企业若能有效建立专属的 e-mail 投放策略并定期追踪成效，对于品牌的数位推广以及提高商品转换率将具有极大功效。那么要如何设计一封让人想阅读的电子报呢？以下提供了 10 个可以有效提升 e-mail 点击率的小技巧。

（一）定位目标族群

1. 巩固原有客户

可结合公司现有的会员资料库，不定时发送信息让用户能及时掌握企业最新的产品或服务，同时也能有效维系客户关系、提升客户忠诚度和再购率。

2. 扩展新的客户

采取电子报分众行销策略，争取潜在顾客的同时也能通过知识行销的手法提高企业知名度和专业形象，以争取更多曝光。

（二）创造店铺个性化的活动主题

用不同的优惠或节日主题来测试阅信者反应，同时也可以采取不同的问候手法来提高客户的消费体验，如提供新会员注册折扣、特殊节庆优惠券、节日贺卡等。

（三）建议每个月分众测试不同主题

可针对不同的产品类别将收信者进行分类，有针对性地提供个性化内容，并在寄送之后持续追踪信件点击率和读者反应；另一方面，协同电子邮件服务供应商设置成效追踪标准（可自订展信率或连结点击率等追踪目标）。

（四）吸睛的文案或设计

标题的设置有很大的学问，在这里我们不谈如何撰写独特性强的标题（类似的案例在网络上可以找到很多），仅提供以下 4 个标准供参考。

（1）具备紧迫性。可加入优惠期限、期间限定等字样。

（2）字数控制。尽量保持在 30～50 个中文字，以便于阅读。

（3）寄件者名称及叙述方式拟人化。加入读者名称，以跟朋友对话的口吻叙述信件用意。

（4）个性化或加入数字。

（五）设置动作按钮

一个页面建议只包含一个动作按钮（call to action），让读者可以聚焦在单一活动上，动作按钮的设计可参考以下要素。

（1）配色：重要内容采用最高对比色。

（2）大小：针对行动用户设置 100 像素×100 像素以上。

（3）形状：圆角形具有较高点击率。

（4）文字：符合当下情境。

（5）位置：根据相关的调查研究，使用者会花费大量的时间停在首页上。

（六）针对行动用户设置简单互动元素

在页面中设置简单易读的互动元素，让用户可轻松阅读以提高行动意愿。

（七）触发式电子邮件

可利用即时推播优惠信息，自动化用户的浏览过程以达成自然转换。举例而言，如遇到客户把商品加入购物车后忘记完成结账的情形，这种情况下就可通过 e-mail 即时挽回流失的订单。

（八）测试电子邮件（A/B Test）

需要长时间的测置和规划，建议分批建立有效客户名单。

（九）成效追踪

不同类型的产业或产品，所需的数据也有所不同，下面举 3 个较常见的数据供参考。

（1）开信率（Open Rate）

可比较过去几个月内具有最高开信率的信件有哪些，主题内容具有哪些共通性，以进一步推测订阅者的喜好。

（2）点击率（Click-Through Rate）

点击率的判断基准是有多少人点击你信中的链接，可通过上述方法优化信件内容以提高点击率。

（3）流失率（Churn Rate）

流失率表示有多少订户取阅订阅或投诉，营销人员需记录流失原因并进行改善，日后在不重蹈覆辙的前提下增加更多订户或争取客户回流。

十一、微博营销的含义

微博营销是指通过微博平台为商家、个人等创造价值而执行的一种营销方式，也是指商家或个人通过微博平台发现并满足用户各类需求的商业行为方式。微博营销以微博作为营销平台，每一个听众（粉丝）都是潜在的营销对象，企业通过更新自己的微型博客向网友传播企业信息、产品信息，树立良好的企业形象和产品形象。

该营销方式注重价值的传递、内容的互动、系统的布局与准确的定位，微博的火热发展使其营销效果尤为显著。微博营销涉及的范围包括认证、有效粉丝、朋友、话题、名博、开放平台和整体运营等。2012 年 12 月，新浪微博推出企业服务商平台，为企业在微博上进行营销提供了一定帮助。

十二、微博营销的技巧

（一）注重价值的传递

企业博客经营者首先要改变观念——企业微博不是"索取"平台，而是一个"给予"平台。截至 2011 年，微博数量已经以亿计算，只有那些能给浏览者创造价值的微博自身才有价值，此时企业微博才可能达到期望的商业目的。企业只有认清了这个因果关系，才可能从企业微博中受益。

（二）注重微博个性化

微博的特点是"关系"与"互动"，因此，虽然是企业微博，但也切忌不能采用官方发布消息那种冷冰冰的模式，要给人的感觉像一个人，有感情，有思考，有回应，有自己的特点与个性。

如果浏览者觉得你的微博和其他微博差不多，或是别的微博可以替代你的，那都是不成功的。和品牌与商品的定位一样，微博必须塑造个性，这样的微博具有很高的黏性，可以持续积累粉丝与关注。

（三）注重发布的连续性

微博就像一本随时更新的电子杂志，要注重定时、定量、定向发布内容，让大家养成观看习惯。当用户登录微博后，期望看看你的微博有什么新动态，这无疑是成功的最高境界，虽很难达到，但我们要尽可能地出现在他们面前，培养他们的习惯。

（四）注重加强互动性

微博的魅力在于互动，拥有一群不说话的粉丝是很危险的，因为他们慢慢会变成不看你内容的粉丝，最后更可能会离开。因此，互动性是使微博持续发展的关键。首先应该注意的问题是，企业宣传信息不能超过微博信息的10%，最佳比例是3%～5%，更多的信息应该融入粉丝感兴趣的内容之中。

"活动内容+奖品+关注（转发/评论）"的活动形式一直是微博互动的主要方式，但实质上奖品比企业所想宣传的内容更吸引粉丝的眼球，与赠送奖品相比，你的微博只有认真回复留言，用心感受粉丝的思想，才能换取情感的认同。如果情感与"利益"（奖品）共存，那就更完美了。

（五）注重系统性布局

任何一个营销活动想要取得持续而巨大的成功，都应注重系统性布局，如果负责人只是将营销活动作为单个创意来运作，很难持续取得成功，为企业带来更多利润。微博营销应是企业整体营销计划的一部分，需要与其他营销方式和手段联动协同，这样微博营销才能为企业创造更大的价值。

（六）注重准确的定位

微博粉丝众多当然是好事，但是，对于企业微博来说，"粉丝"质量更重要。因为企业微博最终的商业价值，或许就需要这些有价值的粉丝来体现。这涉及微博定位的问题，很多企业抱怨："微博关注人数都过万了，可转载、留言的人却很少，宣传效果不明显。"这其中很重要的一个原因就是定位不准确。假设自己在玩具行业，那么就需要围绕产品目标顾客关注的相关信息来发布内容，从而吸引目标顾客的关注，而非只考虑吸引眼球，导致吸引来的都不是潜在消费群体。在起步阶段，很多企业微博都会陷入这个误区当中，完全以吸引大量粉丝为目的，忽视了粉丝是否为目标消费群体这个重要问题。

（七）企业微博专业化

企业微博定位专一很重要，但是专业更重要。同场竞技，只有专业才可能超越对手，持续吸引关注目光，专业是一个企业微博重要的竞争力指标。

微博不是企业的装饰品，如果不能做到专业，只是流于平庸，倒不如不去建设，因为作为一个"零距离"接触用户的交流平台，负面的信息与不良的用户体验很容易迅速传播开，并为企业带来不利的影响。

（八）注重控制的有效性

微博不会飞，但是速度却快得惊人，极高的传播速度结合传递规模所创造出的惊人力量，有可能是正面的，也可能是负面的，因此，必须有效管控企业微博这把双刃剑。

（九）注重方法与技巧

微博虽然字数较少，但企业却不能将其等同于短信、随笔等，想让企业微博有声有色、持续发展，单纯在内容上传递价值还不够，必须讲求一些技巧与方法。比如，在设置微博话题时，表达方法很重要，如果你的博文是提问性的，或是带有悬念的，引导粉丝思考与参与，那么浏览和回复的人自然就多，也容易给人留下印象；反之新闻稿一样的博文会让粉丝想参与都无从下手。

十三、微信营销的含义

微信营销是网络经济时代下企业或个人营销模式的一种，是伴随着微信的火热使用而兴起的一种网络营销方式。微信不存在距离的限制，用户注册微信后，可与周围同样注册的"朋友"形成一种联系，订阅自己所需的信息，商家通过提供用户需要的信息，推广自己的产品，从而实现点对点的营销。

商家通过微信公众平台，以及具有转发推荐功能的微信会员管理系统展示商家微官网、微会员、微推送、微支付与微活动，已经形成了一种主流的线上线下微信互动营销方式。

十四、微信营销的技巧

集文字、语音、视频于一体的微信，正在深刻地改变着我们的社交与生活。当自媒体迅速崛起，微信公众号广泛受宠，微信已拥有 7 亿用户，微信圈成为人们晒心情、晒活动的社交圈时，媒体营销人蓦然发现，以电视、广播和纸媒为途径的传统传播模式，已经遇到了成长的"天花板"，而以微信朋友圈口碑传播为主要表现形式的微信营销，因为拥有了海量用户和实时、充分的互动功能，正成为营销利器。

随着移动互联网的快速发展，一个崭新的传播时代已经来临。微信营销，这个以分众和精众市场为目标诉求的营销模式，正是这个营销新时代的先锋和代表。在当前企业和媒体营销分析的基础上，总结出了媒体人微信营销的 10 种思维，如下所述。

（一）助力思维：病毒式传播，全民狂欢

助力营销是病毒式传播的一种，它通过朋友间的不断转发支持，实现快速传播和全民关注。助力思维通常的方式是，技术公司在制作活动微网页时，添加助力一栏，用户参加活动时，在活动页面上输入姓名、手机号码等信息后，点击报名参与，即进入具体活动页面。用户如想赢取奖品，就要转发至朋友圈并邀请好友助力，获得的好友助力越多，获奖的概率也就越大。为发挥助力者的积极性，也可以让参加助力的好友抽奖。就这样，因为有大奖的吸引，商家就可以通过报名者与其众多好友的关注和转发，达到广泛传播的目的。

某年，由今日早报公司全案策划的"广厦国际登山节"微信报名活动，就是一个经典的助力思维营销案例。这个题为"你登山，我送房"的微信报名活动，在全国征集了 1200 人参与登山，其中有 400 人从助力活动中产生。由于登山者有机会赢取价值 200 万元左右的大宅，因此微网页上线当天，就在微信圈引发了注册报名和转发助力的狂潮，当天就创造了近 40 万的点击量，影响力覆盖全国。数据显示，参与助力活动的 400 人中，大部分人的助力数在 500 个以上，最高者达到 1500 多个。也就是说，为了登山，最高者在微信朋友圈发动了 1500 多人来支持他。

运用微信助力思维，不但可以在后台清晰地掌握报名者的基本数据和信息，如名字、性别和手机号码等，也在很大程度上发掘了他的朋友圈资源，让更多的人关注甚至参与此项活动。这种经济学上的乘数效应，使活动消息得以成倍扩散，企业品牌得以迅速传播。

（二）抢红包思维：精众传播，立竿见影

抢红包思维，顾名思义就是为用户提供一些具有实际价值的红包，通过抢的方式吸引社会积极参与，引起强烈关注，找到潜在客户，并实施有针对性的营销。抢红包的思维方式比较适合电商企业，客户得到红包后即可在网店中消费，这样一来，既起到了品牌推广作用，又拉动了商城销售。

抢红包思维营销一般由商家提供一笔总体金额，由此分散出多个不同金额的红包。想要参与的用户首先得关注并填写注册信息，成为某商家的会员，然后到活动页面领取红包，并在指定时间内抵扣消费。

腾讯公司曾最先在微信平台上推出了抢红包活动，一时热闹非凡，但这次抢红包的钱是由用户自己掏腰包，然后分享给自己好友的。此后，抢红包思维在企业中生根开花。京东商城在"6·18"活动中，出资10亿元作为红包与全民分享。不同的是，京东将红包的种类分成了两种，普通红包和群红包，普通红包只要刮开就可得到一定的金额，最高面额618元；而群红包则是以另一种方式扩散的，一个群红包内有10~15个普通红包，用户可将群红包分享到朋友圈，让更多的朋友关注这项活动，打开群红包的每个用户也能相应得到随机金额。每个群红包可以被多次分享，直至金额全部领完。

时至今日，很多商家已习惯在店庆或节庆时，推出抢红包游戏，让全民嗨抢。商家看似发了红包，让了利，但实际上得到了自己的目标消费者，有力地推动了商品销售。因此，抢红包思维对于电商来说，是个十分有效的营销手段，既在短时间内取得了良好的经济效益，又获得了不错的社会效益。

（三）流量思维：痛点营销，快速传播

互联网时代，流量为王，网站如果没有流量，那就简直是"无源之水，无本之木"。对手机上网族而言，流量就像"人之于水，车之于油"。因此，抓住消费者的痛点，也就抓住了营销的根本。流量思维的基本思想是转发送流量，用户只要转发某家企业或某个产品的微网页，就可以得到一定的流量。

如果你每天准备送出1万元流量，那么按每人5MB/2元计，每天将有5000人受益，而为抢流量转发的可能会达到1万人甚至更多。试想，如有1万人转发活动微网页，以每个转发者平均拥有300个朋友计算，每天就有300万人在关注活动。1万元让1万人参与活动，同时获得300万人的眼球，这就是流量思维的魔力所在。如果你的品牌想要实现快速传播，你就可以用流量思维。

用流量争取客户，是运营商常用的手法。比如广东移动开展了只要关注"广东移动10086"微信公众号，即可参与微信流量红包抽奖的活动，在活动中可免费抽奖获得流量，所抽得的流量可以兑换给任意广东移动的手机用户。当然，为了实现更广泛的传播，在抽完奖之后，需"发送给好友"或"分享到朋友圈"方能完成抽奖，如此一来，短短几天就引发了大规模病毒式扩散。

（四）游戏思维：兴奋点营销，蝴蝶效应

游戏思维的概念很简单，就是通过游戏的转发来推广某个品牌。在微信的战略发展方向中，游戏与社交是其重点，足见游戏在移动互联网上的地位。微信小游戏的特点普遍是设计新颖而且呆萌，规则简单却不单调，可以在短短几分钟内吸引大量用户。

"我用了×步围住神经猫，击败×%的人，获得×××称号，你能超过我吗？"——"围住神经猫"是2014年微信游戏的经典，这款只用一天半研发出来的微信小游戏，因为简单，因为好玩，也因为有比拼智力的成分，所以抓住了用户的兴奋点，甫一出现，大家就被这只"贱贱"的白猫吸引了，不断刷屏，不断转发。短短几天时间，用户数就攀上亿级。仔细分析，"神经猫"游戏用带有比对性的语言，煽动了用户内心深处的攀比心理，更抓住了人们爱玩游戏的天性和兴奋点，从而获得了巨大的蝴蝶效应。

试想，如果在这类游戏中植入品牌广告，它的传播效果将会远远高于其他方式。例如某年中秋节前夕，今日早报公司今日购电商推出了一款"蟹蟹登月"的游戏，参与者只要不断地猛戳屏幕，那只卡通蟹就会不断地沿着葡萄藤往上爬。如果有120人给参与者助力，卡通蟹就可以成功登月，这时就会跳出一张由"友名水产"提供的免费蟹券。一周时间，有5万多人参与游戏。这个活动是今日购移动电商用游戏思维做电商的大胆尝试，为国内微电商同行寻求流量提供了思路和路径。

（五）节日思维：传递的是温情，传播的是品牌

逢年过节，互致问候是中国人的良好传统。在经历了书信、电话和短信贺年祝节后，微信祝福逐渐流行，一段语音、几句文字、一个视频，简单却温暖。节日思维，就是利用节假日人们相互送祝福的机会，在微信文字或视频中植入品牌形象，恰到好处地进行传播推广。

某年端午节前夕，作为浙江粽子大王的嘉兴五芳斋，巧妙地在端午送粽微信视频祝福中植入了自身品牌。整个视频画面唯美、流畅，音乐悠扬、古典，在向人们传递中国粽子古老文化的同时，也传递了五芳斋的品牌。无独有偶，杭州台海岸餐厅借用流行的"这才是我的菜"的卡通短视频，通过一道道精美菜肴的呈现，向微信用户表达了端午祝福之情，也很好地推广了台海岸的当家菜肴，让人心生一品为快的欲望。

同样道理，想在情人节、七夕节、春节等节日促销的企业，也可以事先制作一个祝福短视频，提前在微信圈向大家致以节日的问候；想吸引用户长假旅游的景点和宾馆，可以在"五一""十一"假日前借祝福做微信圈营销。一个简单的祝福，传递的是关爱，传播的却是企业品牌。

（六）大奖思维：高转发率，广参与性

"重赏之下，必有勇夫"。自古以来，奖与赏是很多人难以拒绝的诱惑。借用互联网的说法，设奖促销，是搔到了用户的痒点。在当下的微信营销中，给奖甚至给大奖，是媒体和企业用得最多的招数，实力雄厚的，用房子或车子作为大奖，实力稍弱的，也常常用年轻人最爱的iPhone、iPad或门票、电影票和旅游券等作为奖品，

效果良好。

在《今日早报》某年在为广厦集团策划的三十周年庆"广厦国际登山节"活动中，因为有了一套价值200万元的商品房和80万元的登山设备、照相机等作为奖品，所以获得了1500万人次的点击量和155万人的报名数。同年，《今日早报》还为招商地产策划了"招商地产三十年3000万巨惠"的活动，在招商地产微信活动网页登记报名得到助力多者，前300名可以得到1万～3万元不等的优惠券，其中1人还有机会抽取价值10万元的购房抵价券。受大奖的诱惑，10月初活动刚在微信圈露面，就受到了购房者的热捧，半个月时间已有3000多人报名，6万多人点击。此数字远远高于目前一些媒体热衷的房产电商，而且圈客精准。

可以说，大奖思维瞄准的是消费者的"痒点"，只要有奖，就会有人参与并转发；只要给大奖，就会有很多人参与并转发。而企业和活动品牌，就在用户的广泛参与下，得到了有力的传播与推广。当然，像房产这样的微信活动，由于奖项是购房抵价券，就可以通过微信圈的转发寻找到目标客户群，并通过后台数据进行有针对性的营销。

（七）众筹思维：聚沙成塔，集腋成裘

众筹是指用团购或预购的形式，向用户募集项目资金的模式。相对于传统的融资方式，众筹更为开放，更为灵活。对圈子的精准把握，是微信适合众筹最核心的竞争力。

微信运用众筹思维的案例有很多，比如"B座12楼"的联合发起人、杭州盈开投资合伙人蔡华就在朋友圈玩了一把众筹，为帮朋友转让一家餐厅，蔡华在微信平台上发起"众筹"邀约："景区梅灵路灵隐路附近三层花园餐厅，还有六年租期，因朋友有其他事急转，现我们组织众筹入股10000（元）一人，本人可享受终生免费用茶，有兴趣加入的联系我，100人跨界认识一起玩。"经过48小时的传播，一共筹得123万元资金，而这123位投资者来自各行各业，并有很多是通过转发，向朋友的朋友筹得的资金。

筹资开店，这只是其中一个简单的案例，微信众筹思维更多的是用于产品的售卖，像"低价得正宗大闸蟹"等都是利用了众筹思维。无论是从发起者还是从投资者的角度去考量，众筹都是一个效率较高的投资方式。对于发起者来说，筹资的方式更灵活，而对于投资的用户来说，可以在最短的时间内获得较好的收益。因此微信众筹思维也是一个较好的微信营销方式，传播方式快，扩散范围广，产生效益大。

（八）生活思维：自然而然，润物无声

生活思维，就是把人们所关心的日常生活知识，发布到微信平台上，通过这些信

息的转发，起到良好的传播作用。如今，人们对生活质量的要求越来越高，对生活知识的需求也越来越大，有关生活类的知识在网络上的转发率相当高，如冬病夏治、节假日旅游、十大美食去处和最美民宿等，凡是与生活、旅游、美食和教育等相关的信息，都会引起人们的关注。而这些信息不但适合转发，而且很多人还会收藏，这样一来，即是对信息进行了二次传播。因此，在这些生活类信息中植入产品图片、文字或者做链接进行传播，是个不错的思维方式。

医药类的微信如方回春堂、同仁堂等，可以经常发布一些养生、医药方面的生活资讯，通过这些资讯的转发传播自己。一些旅游类的微信可以发布一些景点信息或美食、住宿情况，通过这些信息的高转发率来推广自己或相关酒店与景点。用生活思维所传播的信息必须是公众关注度高、实用性强的。在这样高、强的信息中推广活动信息或企业品牌，可以达到润物细无声的效果。

（九）新闻思维：让品牌随新闻飞

新闻思维是借助突发性新闻或关注度较大的新闻，夹带品牌图片进行传播。移动互联网时代，新闻的传播速度已经以秒计算，地球上任何一个地方发生的重大新闻，都能在瞬间传递到地球的每个角落。而它在微信圈的阅读量，往往是以十万甚至百万计。因此，如果在转发率如此高的新闻中植入广告，其传播的影响力自是不可估量。

浙江各媒体中，《今日早报》率先在微信平台上开设了突发新闻板块，将新闻事件第一时间进行还原、报道，发布到网络上，让受众更快地了解到更详细的内容，获得了较好的社会反响。

（十）测试思维：因为风靡，所以广泛

测试思维，也就是通过一些小测试，如智商测试、情商测试和心理测试等来对一些品牌进行传播。今天的微信圈内，各类测试甚是风靡，这些测试情商、智商的题目抓人眼球，很容易让人点进去测试。而这些测试的最后，往往都会跳出"分享到朋友圈"，分享后测试答案会自动弹出，这么一来，无疑进行了二次传播，而藏在这些题目开篇或结尾的网站或咨询机构，也在再传播上宣传了自己。

【同步实训】

一、实训概述

本项目实训为网店营销策划与实施，学生通过本项目的学习，能够完成网络推广

策划与实施、营销活动与实施，并掌握相关操作技能。

二、实训素材

安装有基本办公软件与制图软件的电脑设备。

三、实训内容

学生分组，并选出各组组长，以小组为单位进行实训操作。在本实训中，每小组根据指定的店铺或产品完成网络营销策划与实施工作。

任务一　网络推广策划与实施

教师指定某店铺与商品，学生根据该店铺与商品进行前期策划。

企业（店铺）文化与目标	企业（店铺）的文化内核和终极目标
市场现状	同行业产品目前市场如何
内外部环境分析	从企业（店铺）自身和外部环境进行分析

学生根据前期策划结果，进行淘宝客营销实施，具体步骤如下。

1. 开通直通车。

2. 新建宝贝推广。

3. 开通淘宝客。

4. 设置佣金比率。

5. 新建定向计划。

6. 招募淘宝客。

7. 数据分析与优化。

任务二　营销活动与实施

学生根据指定店铺和商品，完成营销活动前期策划。

确定活动时间	
确定营销思路	

学生根据前期策划结果，进行营销活动实施，具体步骤如下。

1. 完成网店海报构思。

2. 完成网店首页装修构思。

3. 完成活动方式设计。

4. 选取产品进行相关活动。

5. 登录卖家中心进行相关操作设置。

四、考核评价

各个小组在本实训展示结束后，各小组成员要完成本人的"自我评价"内容，各组组长要完成"小组评价"内容，教师要完成"教师评价"内容。

1. 评价表

评价项目	评价内容	评价标准	评价方式		
			自我评价	小组评价	教师评价
专业能力	任务一：网络推广策划与实施（45分）	1. 企业文化与目标分析是否到位（5分） 2. 市场现状分析是否到位（5分） 3. 市场内外部环境分析是否到位（10分） 4. 淘宝客实施是否到位（25分）			
	任务二：营销活动与实施（45分）	1. 活动时间是否合适（10分） 2. 营销思路是否恰当（10分） 3. 营销活动实施是否到位（25分）			
职业素养	1. 责任意识（4分） 2. 学习态度（3分） 3. 团结合作（3分）				
总分					
综合得分	教师根据学生的实训表现进行综合打分，其中自我评价占20%，小组评价占30%，教师评价占50%				

2. 教师根据各组实训进程及成果展示进行评价。

（1）找出各组的优点点评；

（2）找出展示过程中各组的缺点点评，提出改进方法；

（3）总结整个实训中出现的亮点和不足。

【巩固与提高】

一、单选题

1. 以下关于直通车的说法正确的是（　　　）

A. 直通车是淘宝推出的营销模式

B. 信用等级满足两颗心的用户就可以申请开通直通车

C. 直通车是淘宝平台推出的推广工具

D. 以上答案均正确

2. 淘宝客是按（　　）成交计费的。

  A. 按点击数竞价收费   B. 按流量收费

  C. 以佣金的方式付费   D. 以上答案均错误

3. SWOT 分析不包括（　　）项。

  A. 优势   B. 劣势   C. 威胁   D. 成本

4. 关于主题活动，说法错误的是（　　）。

  A. 通过某个热点事件或话题进行分析 B. 通过时令性类目研究进行分析

  C. 可以间接带动某些商品的销量   D. 可以直接带动某些商品的人气

5. 淘宝客不具有（　　）特点。

  A. 精准   B. 特价   C. 风险高   D. 风险低

二、简答题

1. 什么是淘宝客？

2. 什么是直通车？

三、论述题

 1. 简述为了吸引和刺激更多的淘宝客推广店铺商品，可以从哪些方面入手选择主推商品。

 2. 简述直通车提高宝贝和店铺的曝光率，主要体现在哪些方面。

四、操作题

挑选某店铺和产品，进行完整的营销策划与实施。

04 项目四
运营数据统计与分析

数据分析是以不变应万变的网店运营之法。卖家不能凭直觉进行网店的管理和运营，必须挖掘数据背后的意义。卖家可以借助 Excel 软件、淘宝卖家工具采集数据、整理数据及分析数据，得出结论并依此进行运营调整。本项目通过讲解数据采集方案的制定与实施和数据分析与运营调整两个子任务，帮助读者进一步掌握数据分析的核心方法和技巧。

【学习目标】

知识目标

1. 了解数据分析的步骤；
2. 熟悉数据采集的渠道；
3. 掌握流量来源的分类。

能力目标

1. 掌握数据采集实施中的方法；
2. 掌握数据整理的多种技巧；
3. 掌握数据分析快速建立图表的方法；
4. 能够结合数据分析的结论进行运营调整。

【项目情景】

某软香酥企业运营人员不能简单地依据最终的销售额判断营销活动是否成功，而是要结合具体的活动实施情况并综合多方面的数据进行分析，并针对数据分析的结果调整运营策略。

模块一 任务分解

随着时间的推移，电子商务的发展已经越来越完善，竞争也越来越激烈。过去卖家只需要知道如何开店、如何上架商品等基础操作知识就可以运营起一家网店，而现在，不懂得网店管理与运营之道、不会进行数据分析，最终的结果只会是失败。卖家需要收集和整理网店数据，运用清晰明确的思路进行分析，找出网店运营的问题所在，并制定最佳方案进行解决。

任务一 数据采集方案的制定与实施

某软香酥卖家在完成营销活动后，需要对活动效果进行评估。该任务主要从数据采集目的、数据采集渠道、数据采集类型、数据采集实施四大方面进行数据采集方案的制定与实施。

一、数据采集目的

卖家在进行数据采集时，首先必须明确数据采集的目的，如全面解读某一活动的效果，分析某段时间内流量下降的原因、某段时间转化率降低的原因等。只有明确了目的，才能有针对性地解决问题。某软香酥卖家为了综合评判营销活动效果而进行了数据采集和分析。

二、数据采集渠道

109

收集数据是指卖家为了解决网店经营中的某一问题而有针对性地进行数据采集。不同的数据采集渠道，数据统计的方法、类型划分等也不尽相同。这里列举几种常用的数据采集渠道。

（一）阿里指数

阿里指数是阿里巴巴出品的基于大数据研究的社会化数据展示平台，目前分为区域指数、行业指数两大模块。

区域指数从地区角度解读一个地方的交易概况，能发现该地区与其他地区之间贸易往来的热度及热门交易类目，找到当地人群关注的商品类目或关键词，探索交易的人群特征。

行业指数从行业角度解读一个行业的现状，获悉该行业在特定地区的发展态势，发现热门商品，知晓行业中卖家及买家群体概况，如图 4-1 所示。

图 4-1　行业指数

（二）百度指数

百度指数是以百度海量网民行为数据为基础的数据分享平台，是当前最重要的统计分析平台之一。通过百度指数，可以解读某个关键词在百度的搜索规模，一段时间内的涨跌态势及相关的新闻舆论变化，同时还可以分析关注这些关键词的用户群特征，帮助卖家优化营销活动方案。

（三）生意经

生意经帮助卖家对本店和行业数据进行多方位分析，助力优化标题、筛选上架时间、提升搜索排名，是淘宝/天猫卖家常用的第三方网店数据分析软件之一。卖家需要从卖家中心的"我订购的应用"—"服务订购"进入服务市场，如图 4-2 所示。

图 4-2　卖家中心

在服务市场中，卖家根据实际需求，参考订购软件的功能介绍、使用评价等进行购买使用，如订购生意经软件时，直接搜索"生意经"，在显示的结果中进行筛选购买，如图 4-3 所示。

图 4-3 服务市场

（四）生意参谋

生意参谋为天猫/淘宝卖家提供流量、商品、交易等网店经营全链路的数据展示、分析、解读与预测等服务，是淘宝网官方提供的综合性网店数据分析平台，如图 4-4 所示。

图 4-4 生意参谋首页

（1）首页：专属用户的个性化首页，常见功能模块的聚合入口，商家的运营阵地，如图 4-4 所示。

（2）实时直播：以网店实时动态数据为切入点，提供实时数据的查询与分析，如图 4-5 所示。

图 4-5　实时直播

（3）经营分析：以商家电商经营全局链路为主思路，结合大环境，对经营的各个环节进行分析、诊断、建议、优化、预测，如图 4-6 所示。

图 4-6　经营分析

（4）市场行情：以行业分析、竞争情况为切入点，对市场行情进行分析。

（5）自助取数：提供数据定制、查询、导出等高端服务，灵活可配置、周期可定制，如图 4-7 所示。

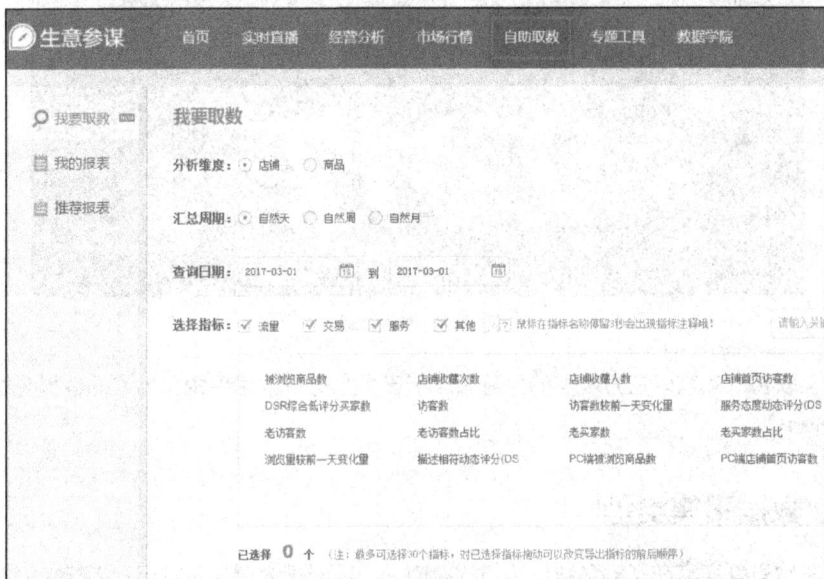

图 4-7　自助取数

（6）专题工具：着重专题分析的一站式优化工具，含竞争情报、选词助手、行业排行、单品分析、商品温度计、销量预测等专项功能，如图 4-8 所示。

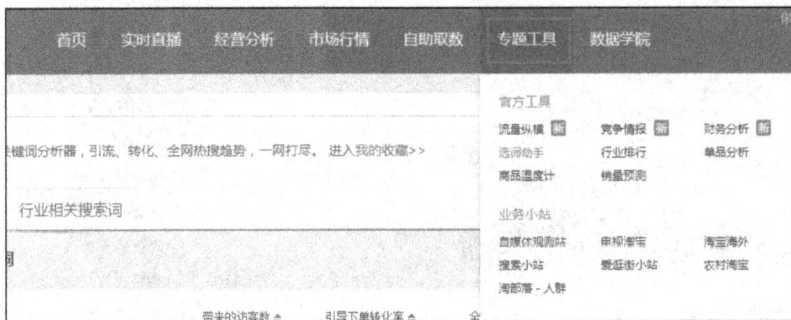

图 4-8　专题工具

（7）数据学院：数据学院是生意参谋团队致力培养卖家数据化运营能力的学习互动平台，帮助商家快速了解生意参谋产品功能，理解数据意义，提升数据化运营能力，如图 4-9 所示。

图 4-9　数据学院

　　某软香酥卖家以官方提供的生意参谋工具为主进行数据采集和后续的数据分析与运营调整。

三、数据采集类型

　　某软香酥卖家在了解了数据采集的渠道后，还必须掌握常见的运营指标，只有明确了每个运营指标背后所代表的意义，才能更好地利用这些数据运营、管理好网店，如图 4-10 所示。

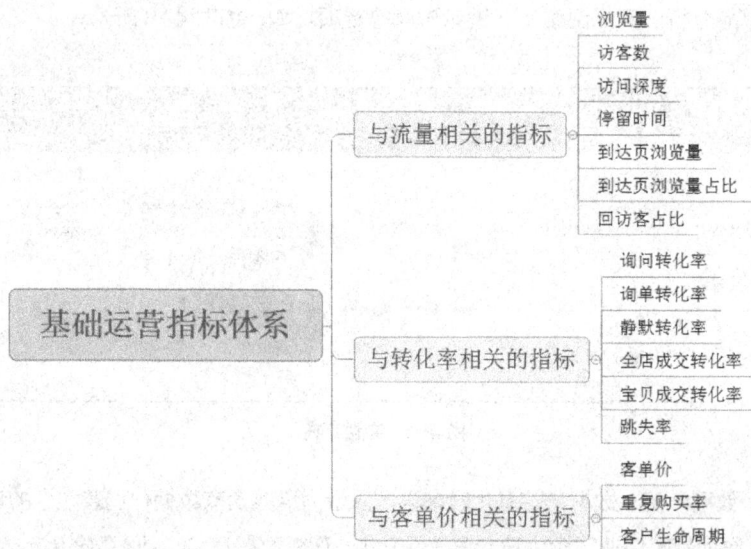

图 4-10　基础运营指标体系

（一）流量

淘宝官方将流量来源分为五大类，分别是淘内免费、自主访问、付费流量、淘外流量和其他，如图 4-11 所示。

图 4-11　流量来源

其中五大来源的具体含义如下所述。

（1）自主访问指访客主动进入网店，如从收藏夹、已买到的商品等进入网店。

（2）淘内免费指访客通过淘宝内免费的流量渠道进入网店，如淘宝搜索、淘宝首页与淘宝频道页面等。

（3）付费流量指访客通过淘宝内付费流量渠道进入网店，如直通车、钻石展位、淘宝客和聚划算等。

（4）淘外流量指访客通过其他非淘宝来源渠道进入网店，如百度、新浪微博及腾讯空间等。

（5）其他指访客通过其他来源（即非自主访问、非淘宝内免费、非淘宝内付费、非淘宝站外）进入网店。

如果想要具体了解每个来源类型下的细分渠道，可从"生意参谋"—"数据学院"—"帮助中心"—"来源注释"进行查看，如图 4-12 所示。

（二）转化率

转化率是电商运营中的一个重要指标。虽然卖家利用各种方法提高了进店流量，但整体成交转化率很低，那么销售额也很难提高。

$$成交转化率 = 成交人数/访客数 \times 100\%$$

图 4-12　数据来源注释

影响转化率的一般因素包括产品价格及评价、详情页设计、产品图片、网店装修和活动因素等，卖家可以结合这些影响因素进行转化率的优化。图 4-13 所示为生意参谋中的交易概况，可以查看到下单转化率（下单买家数/访客数）、支付转化率（支付买家数/访客数）、下单-支付转化率（下单且支付买家数/下单买家数）。

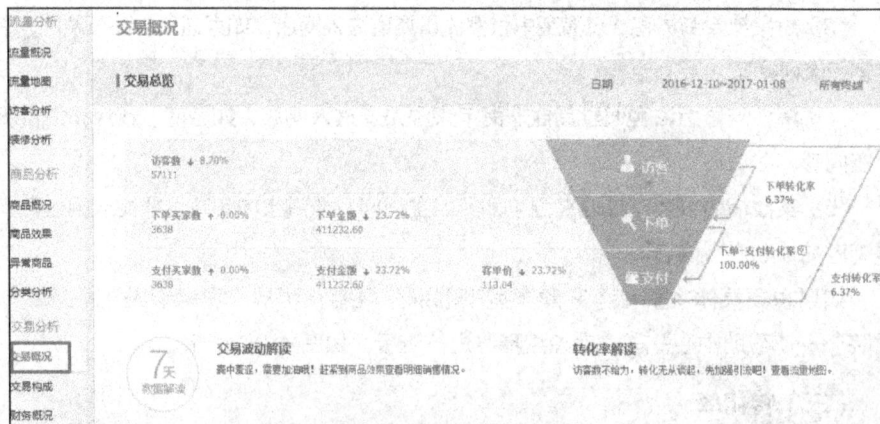

图 4-13　交易概况

（三）客单价

流量、转化率的每个环节、每个细节都与客单价有着千丝万缕的联系。

客单价 = 支付金额/支付买家数

网店的流量问题可以通过网络推广、营销活动逐步解决，转化率问题可以通过提高服务质量、加强页面设计美化等提高，而客单价是个复杂的指标，它的影响因素比较复杂。客单价不仅仅是平均一个买家买了多少金额的产品，而且涉及网店定位、产品定位、品牌定位等一系列问题，后期卖家优化时可以从关联营销、老客户维护等方面进行。

四、数据采集实施

某软香酥卖家围绕多方面评判营销活动效果这一目的，在活动时间段内按日采集流量、交易和商品数据。卖家登录淘宝账号，进入卖家中心，执行左侧导航栏中"营销中心"—"生意参谋"进入生意参谋页面，如图 4-14 所示。

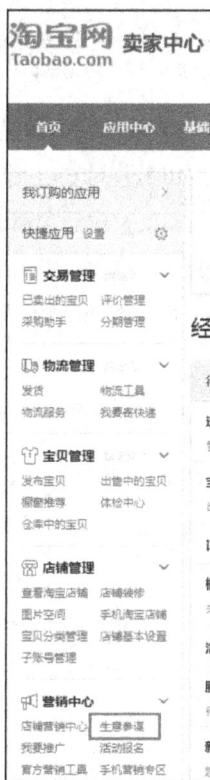

图 4-14　进入生意参谋

卖家进入生意参谋后，执行"经营分析"—"流量分析"—"流量概况"，选择自然日进行数据采集，如图 4-15 所示。这里需要注意的是，在采集数据时要选择好流量端口，是 PC 端、无线端还是全部数据，如图 4-16 所示。

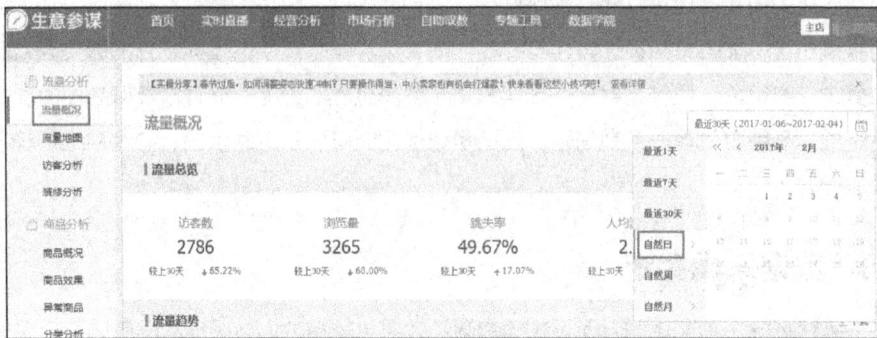

图 4-15　流量概况

图 4-16　数据端口

在采集流量数据时，还可以查看具体的访客时段，如图 4-17 所示。卖家可以选择不同日期和终端进行数据分析，如通过分析近一个月日均访客分布，可以在后期优化宝贝上下架时间、客服排班表等。某软香酥卖家近 7 天网店的访客以陕西本地的最多，其次是江苏、广东等省份，此外，还可以看到这些省份具体的访客数、下单转化率，同时还可以查看具体的下单买家数的地域分布。后期卖家可以针对高转化率的地域进行直通车精准地域投放。

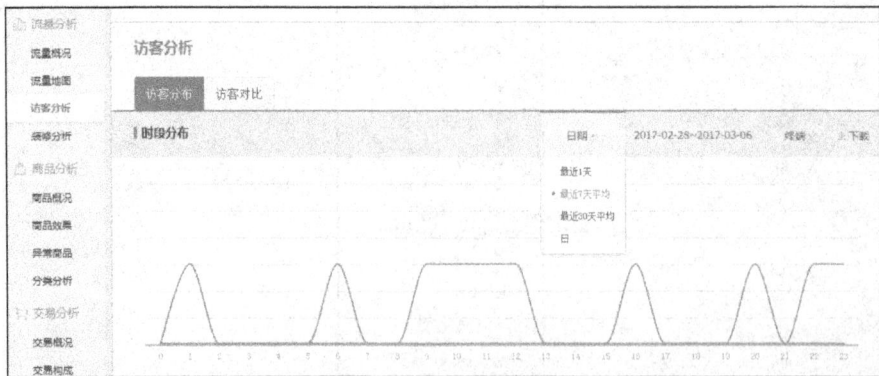

图 4-17　访客时段分布

同样，卖家也需要按天采集与销售相关的数据，包括销售额、下单买家数、客单价等，如图 4-18 所示。在采集该数据时，卖家还应注意选择数据端口，默认的是所有终端的交易数据。

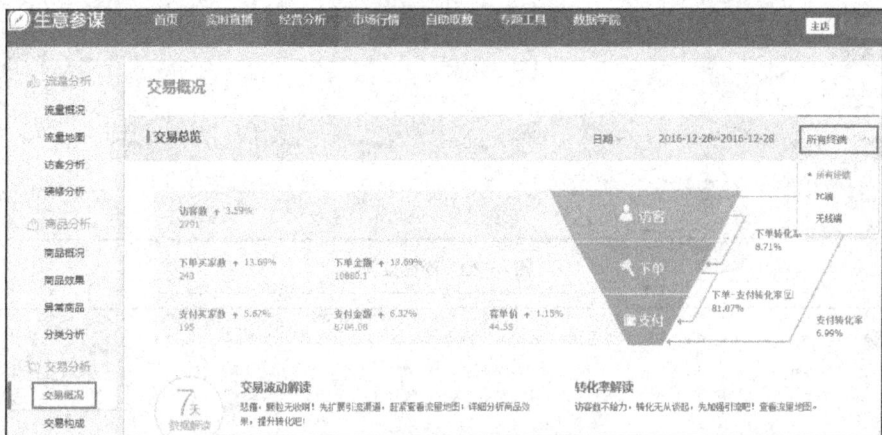

图 4-18　交易概况

一般淘宝卖家会根据实际需求创建 Excel 表格记录采集好的数据，方便之后的数据整理及数据分析。图 4-19 所示为网店每日数据采集表格示例，包括采集日期、星期、销售额（预计、实际、差异）和目标等。

图 4-19　网店每日数据采集表示例

卖家在采集完基本的流量、与交易相关的数据后，还需要周期性地观察单品的销售状况，在生意参谋中，执行"经营分析"—"商品分析"—"商品效果"，查看每款单品的访客、浏览量、下单件数、支付金额等数据，也可以单击"更多"按钮，选择其他的指标数据，如图 4-20 所示。

图 4-21 所示为卖家下载好的商品效果的 Excel 表，包括所有的相关指标。卖家也可以新建 Excel 表跟踪单品数据，如图 4-22 所示。

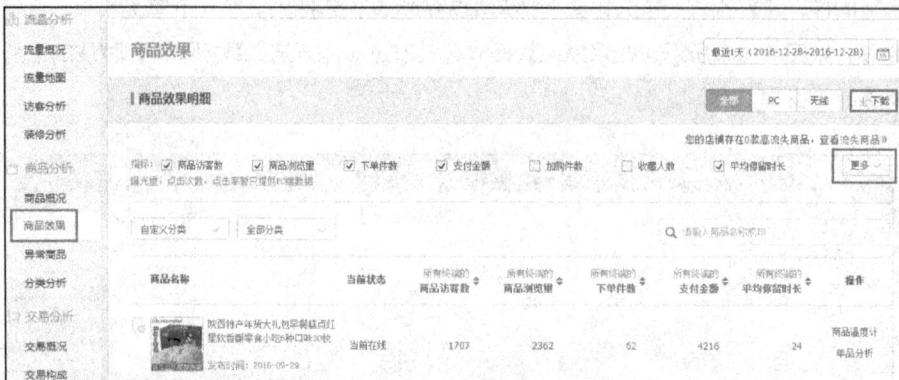

图 4-20　商品效果

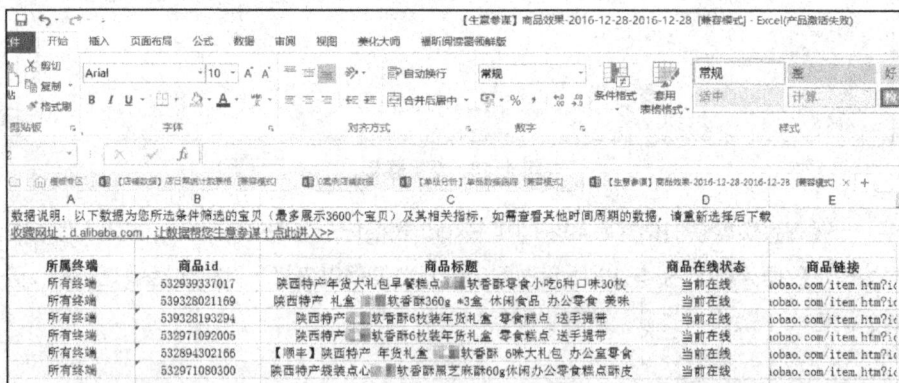

图 4-21　下载好的商品效果表

图 4-22　单品数据跟踪示例表

任务二　数据分析与运营调整

卖家如果没有掌握数据分析的正确思路，就无法寻找解决问题需要的数据，即使找到了，也是一堆杂乱无章、无法显示有用信息的信息。图 4-23 所示为网店数据分析的四大步骤。接下来对任务一中收集的数据进行后续处理，并结合得出的结论进行运营调整。

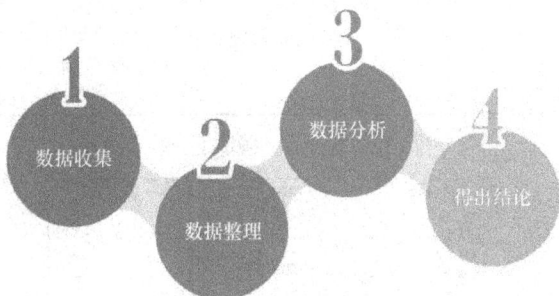

图 4-23　数据分析步骤

一、数据整理

通过数据收集得到的数据可以称为初始数据，这些数据一般比较杂乱，很难看出关键点，所以需要卖家对收集的数据进行整理加工。专业的数据分析师使用的方法都比较复杂，也需要具备一定的专业知识。对于淘宝卖家，使用简单的数据整理方法就可以满足大部分网店管理的需求。下面简单介绍几种常见的 Excel 整理数据方法。

（一）排序

排序是数据整理中比较常用的方法之一。卖家在打开的 Excel 表格中，选中需要筛选的字段名，单击表格右上方的"排序和筛选"，选中"筛选"，如图 4-24、图 4-25所示。

商品标题	品在线状	商品链接	浏览量
陕西特产年货大礼包早餐糕点 ▇ 软香酥零食小吃6种口味30枚	当前在线	aobao.com/item.htm?ic	1707
陕西特产 ▇ 软香酥6枚装年货礼盒 零食糕点 送手提带	当前在线	aobao.com/item.htm?ic	1603
陕西特产 ▇ 软香酥6枚装年货礼盒 零食手提带	当前在线	aobao.com/item.htm?ic	1402
陕西特产袋装点心 ▇ 软香酥黑芝麻酥60g休闲办公零食糕点酥皮	当前在线	aobao.com/item.htm?ic	953
陕西特产 礼盒 ▇ 软香酥360g *3盒 休闲食品 办公零食 美味	当前在线	aobao.com/item.htm?ic	1620
【顺丰】陕西特产 年货礼盒 ▇ 软香酥 6味大礼包 办公室零食	当前在线	aobao.com/item.htm?ic	1012

图 4-24　原数据

卖家选中"筛选"后，待筛选的字段名右侧会带有箭头标志，选择排序的方法，如图 4-26 所示。某软香酥卖家为了直观查看某段时间内浏览量从最高到最低的商品，选择"降序"排序，排序结果如图 4-27 所示。

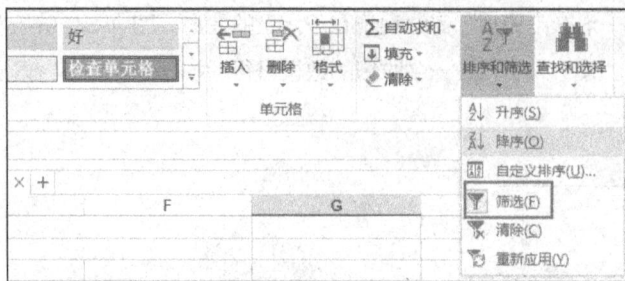

图 4-25 筛选

图 4-26 选择排序方法

商品标题	品在线状	商品链接	浏览量
陕西特产年货大礼包早餐糕点■软香酥零食小吃6种口味30枚	当前在线	iaobao.com/item.htm?ic	1707
陕西特产■软香酥6枚装年货礼盒 零食糕点 送手提带	当前在线	iaobao.com/item.htm?ic	1603
陕西特产■软香酥6枚装年货礼盒 零食糕点 送手提带	当前在线	iaobao.com/item.htm?ic	1402
陕西特产袋装点心■软香酥黑芝麻酥60g休闲办公零食糕点酥皮	当前在线	iaobao.com/item.htm?ic	953
陕西特产 礼盒■软香酥360g *3盒 休闲食品 办公零食 美味	当前在线	iaobao.com/item.htm?ic	1620
【顺丰】陕西特产 年货礼盒 ■软香酥 6味大礼包 办公室零食	当前在线	iaobao.com/item.htm?ic	1012

图 4-27 降序排序结果

（二）分组

分组也是数据整理中常用的方法之一，便于将杂乱、大量的数据按需求进行分类统计。图 4-28 所示为某软香酥卖家 4 款热卖单品 2016 年每个月的销售数据，为了更直观地查看每款单品的年销售数据，需要用数据透视表进行分组。

用 "Ctrl+A" 组合键全选数据范围或用鼠标选中，单击 Excel 表上方的 "插入" — "数据透视表"，如图 4-29 所示。

出现 "创建数据透视表" 窗口后，选择数据透视表的放置位置为 "新工作表" 或 "现有的工作表"，如图 4-30 所示。

	A	B	C	D
1	日期	商品名称	成交量	销售额
2	2016年1月	陕西特产年货大礼包早餐糕点软香酥零食小吃6种口味30枚	2100	142800
3	2016年1月	陕西特产软香酥6枚装年货礼盒 零食糕点 送手提带	620	18476
4	2016年1月	陕西特产 礼盒软香酥360g *3盒 休闲食品 办公零食 美味	210	18480
5	2016年1月	陕西特产袋装点心软香酥黑芝麻酥60g休闲办公零食糕点酥皮	3216	8040
6	2016年2月	陕西特产年货大礼包早餐糕点软香酥零食小吃6种口味30枚	2631	178908
7	2016年2月	陕西特产软香酥6枚装年货礼盒 零食糕点 送手提带	628	18714.4
8	2016年2月	陕西特产袋装点心软香酥黑芝麻酥60g休闲办公零食糕点酥皮	3986	9965
9	2016年2月	陕西特产 礼盒软香酥360g *3盒 休闲食品 办公零食 美味	198	17424
10	2016年3月	陕西特产软香酥6枚装年货礼盒 零食糕点 送手提带	755	22499
11	2016年3月	陕西特产年货大礼包早餐糕点软香酥零食小吃6种口味30枚	2301	156468
12	2016年3月	陕西特产袋装点心软香酥黑芝麻酥60g休闲办公零食糕点酥皮	5698	14245
13	2016年3月	陕西特产 礼盒软香酥360g *3盒 休闲食品 办公零食 美味	178	15664
14	2016年4月	陕西特产软香酥6枚装年货礼盒 零食糕点 送手提带	510	15198
15	2016年4月	陕西特产年货大礼包早餐糕点软香酥零食小吃6种口味30枚	1956	133008
16	2016年4月	陕西特产袋装点心软香酥黑芝麻酥60g休闲办公零食糕点酥皮	4962	12405
17	2016年4月	陕西特产 礼盒软香酥360g *3盒 休闲食品 办公零食 美味	232	20416
18	2016年5月	陕西特产软香酥6枚装年货礼盒 零食糕点 送手提带	421	12545.8
19	2016年5月	陕西特产年货大礼包早餐糕点软香酥零食小吃6种口味30枚	1875	127500
20	2016年5月	陕西特产袋装点心软香酥黑芝麻酥60g休闲办公零食糕点酥皮	4165	10412.5
21	2016年5月	陕西特产 礼盒软香酥360g *3盒 休闲食品 办公零食 美味	265	23320
22	2016年6月	陕西特产软香酥6枚装年货礼盒 零食糕点 送手提带	862	25687.6
23	2016年6月	陕西特产年货大礼包早餐糕点软香酥零食小吃6种口味30枚	1652	112336
24	2016年6月	陕西特产袋装点心软香酥黑芝麻酥60g休闲办公零食糕点酥皮	7565	18912.5
25	2016年6月	陕西特产 礼盒软香酥360g *3盒 休闲食品 办公零食 美味	333	29304
26	2016年7月	陕西特产软香酥6枚装年货礼盒 零食糕点 送手提带	598	17820.4
27	2016年7月	陕西特产年货大礼包早餐糕点软香酥零食小吃6种口味30枚	1856	126208
28	2016年7月	陕西特产袋装点心软香酥黑芝麻酥60g休闲办公零食糕点酥皮	5162	12905
29	2016年7月	陕西特产 礼盒软香酥360g *3盒 休闲食品 办公零食 美味	279	24552

图 4-28 原始数据

图 4-29 选中"数据透视表"

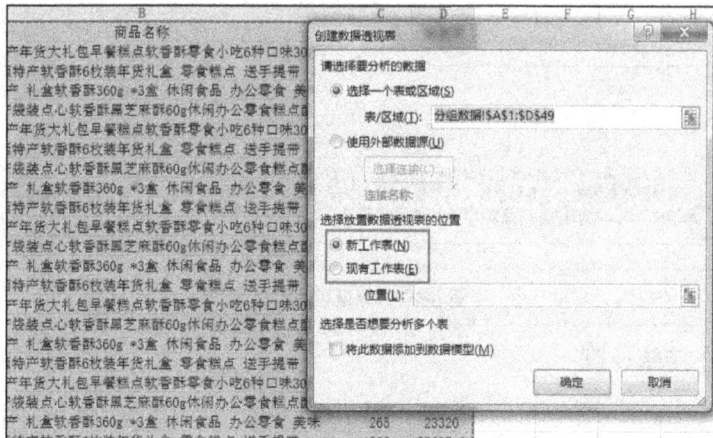

图 4-30 创建数据透视表

单击"确定"后，在新的工作表中选择好字段，如为了查看每款单品的全年销售数据，需将商品名称和日期字段设置为行，将成交量和销售额字段设置为求和项，这样设置就可以按照需求成功分组，如图4-31、图4-32所示。

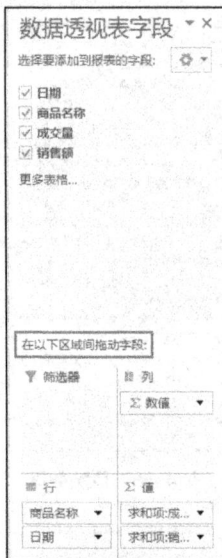

图4-31 选择数据透视表字段

图4-32 分组后的数据

（三）简单计算

卖家通过使用一些简单、常用的加、减、乘、除等公式对原始数据进行整理，可以直接输入公式，也可以通过 Excel 对应的命令实现。比如卖家想要统计 2016 年全年流量总和，可以直接按住鼠标左键不放，选中需要求和的数据范围，如图 4-33 所示。然后选择上方的"公式"—"自动求和"，自动对选择范围内的数据进行求和，如图 4-34所示。图 4-35 所示为自动求和后的结果，单击该单元格，可以查看具体的求和公式。

图 4-33　选中求和的数据范围

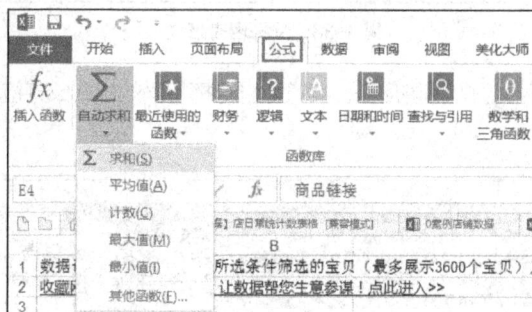

图 4-34　自动求和命令

图 4-35　求和结果

二、数据分析

卖家将数据整理好之后，就可以进入数据分析阶段。对于淘宝卖家而言，使用Excel 基本就可以满足绝大部分的数据分析需求，而且可以快速建立图表。某软香酥卖家想通过图表观察四款单品的成交量占比，直接选中数据范围，单击数据区域右下侧的 ⊞ 图标，选择图标中的饼形图，如图 4-36 所示。

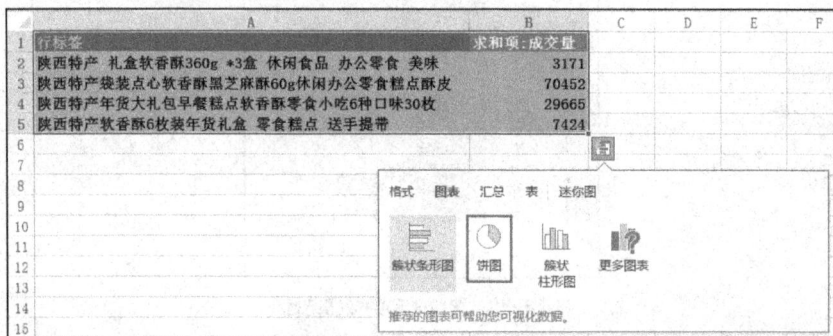

图 4-36　选择图表形式

图 4-37 所示为呈现好的饼形图，卖家可以选择不同的样式或直接设计，如图 4-38 所示。

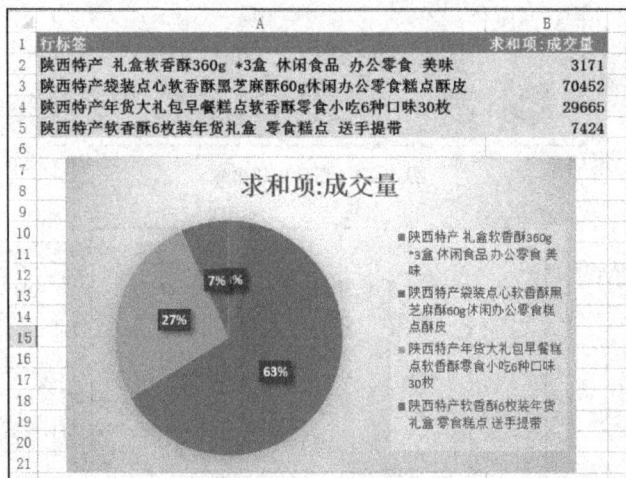

图 4-37　饼形图呈现

饼图一般只适用于卖家分析占比情况，如分析网店的销售额组成、流量组成等。如果卖家需要比较数据，就可以利用折线图、柱形图、条形图等进行两段时间内的数据比较，如该月与上个月的流量、转化率与成交额等数据的比较。卖家在分析其他突破点时，需要根据实际情况利用图表进行分析。

图 4-38 自主设计图表样式

这里需要注意的是，卖家在进行数据分析时，一定要将发现的问题尽量细分，以找到某个关键的突破口，然后找到根源进行优化。比如卖家发现近期流量下降，且其中付费流量下降最严重，则应该抓住该突破口寻找根源进行优化。

某软香酥卖家在分析完采集的数据后，发现此次营销活动与以往同等力度的活动相比流量下降了13%。卖家通过查看流量地图（见图4-39），发现付费流量下降明显，因此卖家在后期应以优化付费流量为主。

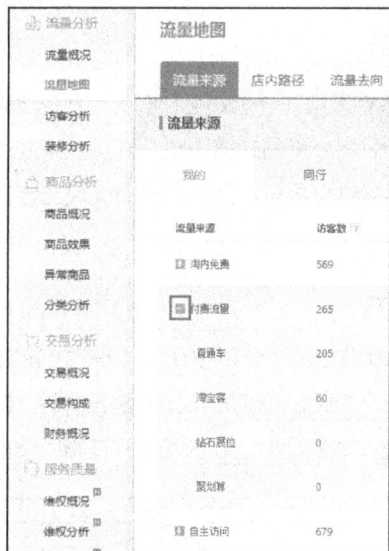

图 4-39 付费流量

三、运营分析报告

（一）分析报告说明

1. 数据来源

淘宝卖家常用的数据来源包括生意参谋、阿里指数及生意经等，根据具体的数据分析需求应选取不同的数据来源平台。某软香酥卖家为了评估营销活动的效果，选用了生意参谋作为数据来源。

2. 分析目的

全面解读营销活动，全方位分析活动效果，针对活动中出现的问题进行运营调整和优化。

3. 分析工具

专业的数据分析师会使用 R 语言、Python 语言、Excel 软件等，对于淘宝卖家来说，使用 Excel 软件就可以满足绝大部分的网店分析需求。某软香酥卖家选用 Excel 软件作为分析工具。

4. 结果展示工具

常用的数据展示工具包括在线数据可视化工具 iCharts、Excel 图表等。某软香酥卖家选用常用的 Excel 图表即可满足数据结果展示的基本需求。

（二）分析思路展示

某软香酥卖家按照"数据采集"—"数据整理"—"数据分析"—"得出结论"—"运营调整"的整体思路进行数据分析与运营调整。针对近期开展的元宵节活动，卖家从流量、交易、商品三大纬度进行分析。数据采集时间段选定在元宵节活动时段（2 月 10 日—2 月 12 日）。

（三）数据分析展示

某软香酥卖家首先对比了 2016 年和 2017 年 1—2 月的流量趋势，发现 2017 年网店的整体流量与去年同期相比在缓慢增长，但是元宵节营销活动的数据销量不太理想，与去年同期举办的元宵节活动对比，流量有所下降，如图 4-40 所示。

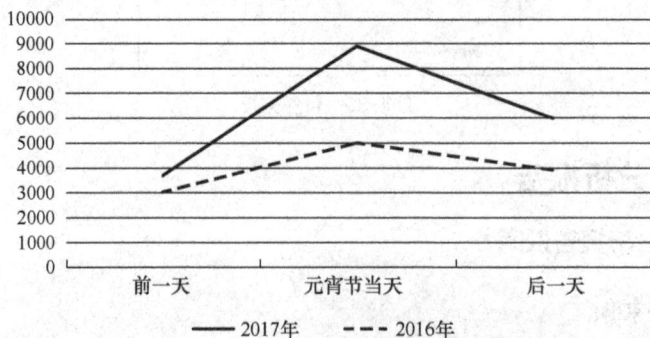

图 4-40　完宵节活动同期流量比较

将同期活动的流量进行细致化分析，发现 2017 年淘内免费流量和付费流量占比下降，如图4-41、图4-42所示。

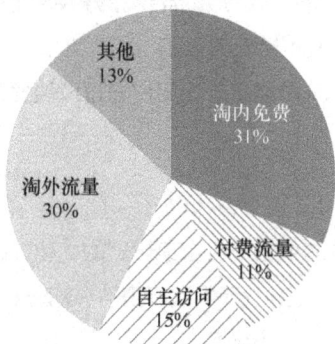

图 4-41　2017 年元宵节活动周期流量渠道占比

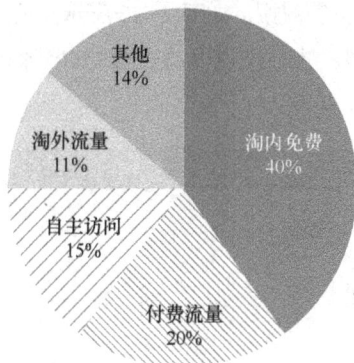

图 4-42　2016 年元宵节活动同期流量渠道占比

四、运营调整方案

针对此次营销活动淘内免费和付费流量大幅下降的结论，某软香酥卖家决定从宝贝标题和上下架时间着手来提高淘内免费流量，从优化淘宝客招募和活动以及直通车地域投放着手来提高付费流量。

（一）加强免费引流能力

如今网店的引流成本越来越高，卖家在利用其他多种付费工具引流的同时，也应加强站内免费导流能力。淘宝上的流量，80％来自用户搜索关键词，这种淘宝自然搜索流量具有免费、量多、精准度较高三大特点。大部分用户直接通过淘宝搜索框输入自己想要产品的关键词，这类买家目的性强、目标明确，也更容易达成交易，想要抓住这部分免费搜索流量，卖家就需要做好搜索引擎优化（Search Engine Optimization, SEO）。通过优化宝贝标题和上下架时间这两大影响排名的重要因素，使得自家网店排名更靠前，获得更多的让用户通过自然搜索浏览自家网店的机会，为网店导入更多的免费流量。

1. 宝贝标题优化

某软香酥卖家根据监测的数据进行宝贝标题的优化，以提高宝贝搜索排名。这里以优化一款近期浏览量不佳的宝贝标题"陕西特产软香酥 无蔗糖酥 食品点心糕点无蔗糖礼品送礼"为例介绍。

某软香酥卖家单击"生意参谋"—"专题工具"—"选词助手"，输入与该宝贝标题相关的关键词，以"糕点"为例，该页面展示与搜索词相关的全网搜索热度变化、全网点击率和直通车出价等数据，如图4-43所示。某软香酥卖家选择近7天的时间段，单击右上方的"下载"按钮，将与糕点相关的搜索词数据以Excel表格的形式下载到桌面，如图4-44所示。

图 4-43　选词助手

某软香酥卖家对该搜索词数据表格进行分析处理，由于优化标题时需要参考行业搜索热度和搜索人气上升的词，所以首先需要筛选出搜索热度变化和搜索人气变化为正的关键词，然后将全网搜索人气降序排列，筛选出人气较高的TOP5～10个关键词，结合全网点击率和直通车平均点击价格，筛选出点击率较高、竞争度较小的关键词，最终确定优化后的关键词为"传统糕点"，如图 4-45 所示。

图 4-44　下载的搜索词数据表

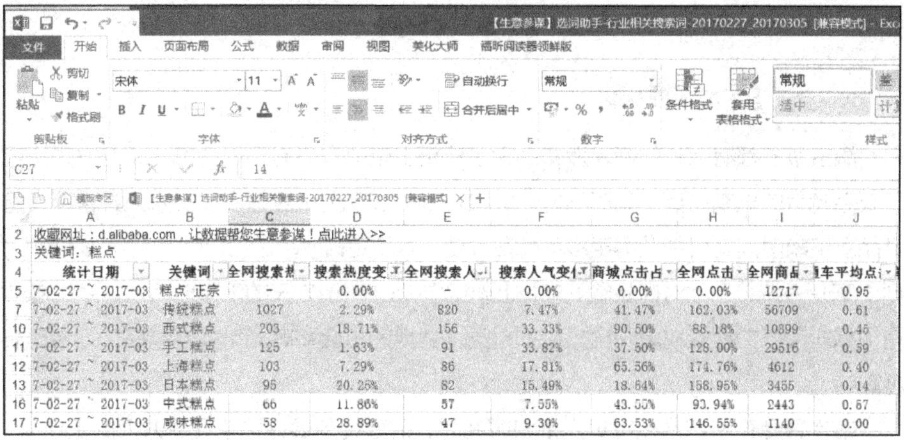

图 4-45　筛选关键词

　　某软香酥卖家用同样的方法，分析、优化标题中的其他关键词，最终确定优化后的标题为"陕西特产 软香酥 无蔗糖糕点 食品点心糕点盒装送礼零食"。卖家优化完标题后，继续监测相关数据，周期性地持续优化标题，使得宝贝的搜索权重逐步上升，为网店带来更多的免费流量。

如果卖家订购了生意参谋中的市场行情，则可参考市场行情中的行业热词榜，这里的热搜及飙升榜关键词划分更细，便于关键词的分析优化。除了生意参谋外，卖家还可以利用第三方的相关软件来优化标题，如图 4-46 所示。

图 4-46　宝贝标题优化软件

2. 宝贝上下架时间优化

淘宝每天都有大量的商品发布，为了让新上架的宝贝有展现的机会，官方采用宝贝公平竞争的机制，离下架时间越近的宝贝能够展现的机会越多。卖家通过合理设置商品上下架时间有可能获得更多的免费流量。商品发布成功之后，以 7 天为一个周期，到 7 天后系统将自动对商品做下架并上架操作，越接近 7 天的下架时间点，系统越会增加相应宝贝的搜索权重。宝贝权重越高，展现的机会和曝光率就会越高，排名也会越靠前。

某软香酥卖家在优化宝贝上下架时间时，需要提前做好以下几个方面的工作。

（1）研究买家访问时间

淘宝网访问量最高峰时间段分别是 9:00—11:00、14:00—17:00 和 19:00—23:00。宝贝具体的上架时间段需要卖家通过分析网店的访客时间来确定。卖家可以通过查看生意参谋中的"访客分析"选取时间段，查看一天内访客和下单买家数的趋势，参考下单买家数较多的时间段来确定上架时间。

（2）合理安排上架产品

根据产品数和实际一周分配天数，平均分配每天的上架产品数，后期卖家可以根据实际情况对品类分配进行调整。比如卖家发现糕点在周末的购买率远远高于周一至周五，则可以将糕点的上架数主要调至周末。

（3）上架时间要准确

计算出每小时上架产品数，按照平均分配法，计算每天每小时需要上架的产品数，以及上架的间隔时间。

（4）分配产品数量

根据上面的计算，可以计算出每个时间段上架的宝贝数量。宝贝只有在即将下架的时候才会获得优先展现的机会。如果卖家期望商品在 10：00 有优先展现的机会，则宝贝的实际上架时间需要设定在 10：10 左右，即实际上架时间要比期望展现时间有相应的延迟。

由网店数据分析得出某软香酥天猫官方店铺访客分布最多的时间段基本和淘宝网访问高峰时间段一致。在高峰时间段合理安排新品上架时间，可以增加新品展现和曝光率，提高产品排名。

（二）优化付费引流能力

1. 淘宝客

某软香酥卖家优化前仅有一个定向计划，且该计划中没有参与推广的淘宝客，如图 4-47 所示。为了提高淘宝客的引流能力，某软香酥卖家除新增不同佣金比率的定向计划外，还需要利用多种渠道招募淘宝客，如阿里妈妈社区、嗨推网与 A5 网等，并给推广者提供多种尺寸的素材和活动商品表格等以方便他们推广。只有卖家和淘宝客达成友好合作，才能让推广者为网店引入更多的精准流量。

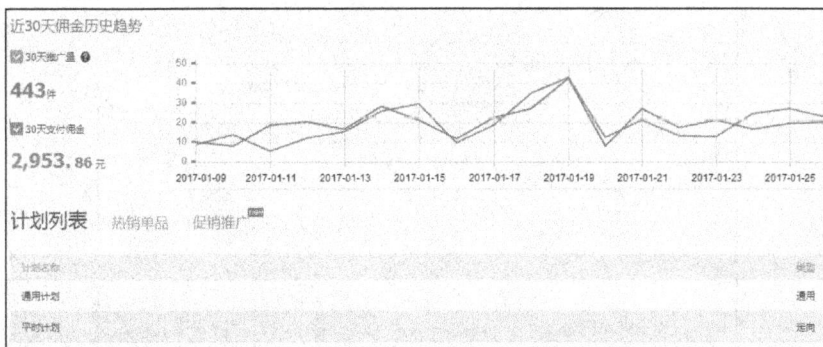

图 4-47　淘宝客计划

此外，某软香酥卖家还通过淘宝客后台的"互动招商"，筛选出一部分佣金比率合理、资源位及流量均不错的活动进行报名，如图 4-48 所示。淘宝客活动广场汇集了众多优质淘宝客发起的活动，某软香酥卖家选择与食品相关的淘宝客活动，单击"查看活动详情"查看具体的报名要求、联系方式，如图 4-49 所示。

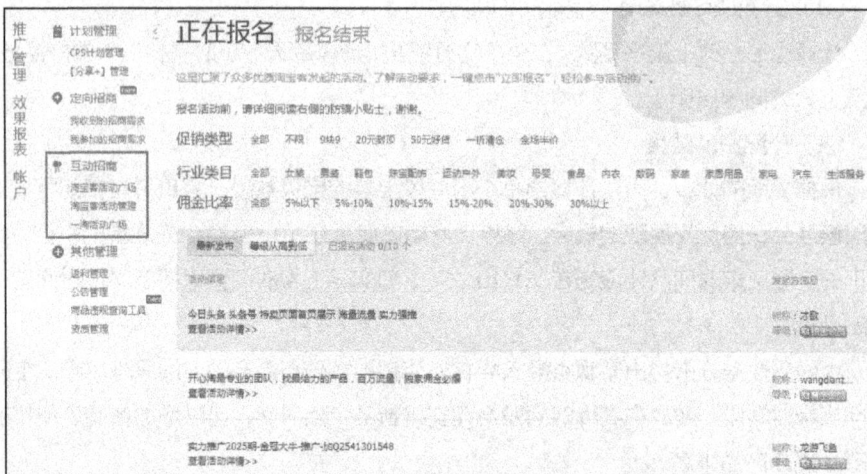

图 4-48　淘宝客活动广场

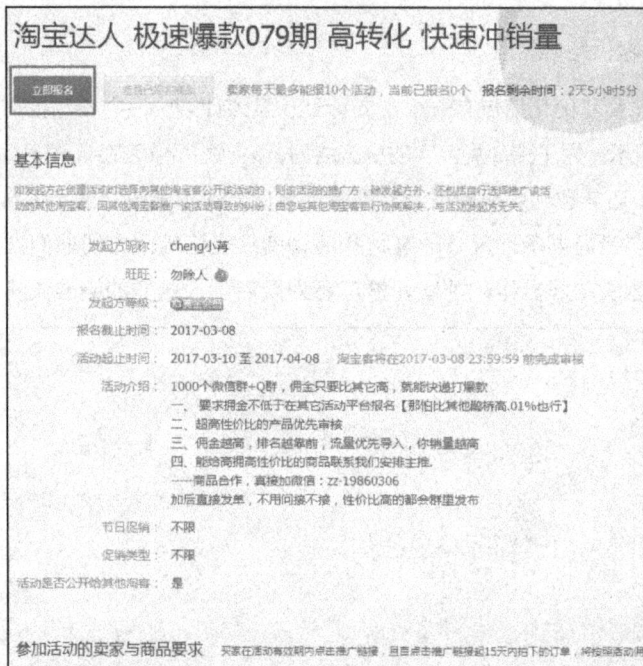

图 4-49　活动详情

某软香酥卖家根据活动详情中的联系方式，与发起人沟通具体的资源位、流量范围、预期效果等，确定好之后，单击"立即报名"参与该活动的产品报名，并设置好佣金比率和创意，如图4-50所示。这里需要注意的是卖家在报名参加淘宝客活动时，不需要与淘宝客进行线下额外的交易，只需从淘宝客后台按佣金比率提供佣金。卖家在选择参与活动的产品时，应考虑到该产品的利润空间、库存、销量等因素。

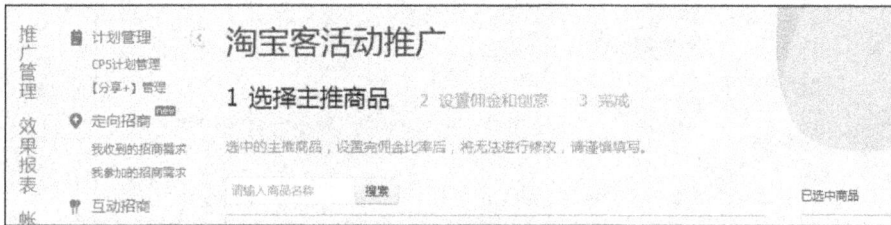

图4-50 活动报名

某软香酥卖家成功报名淘宝客活动后，在活动上线时间，及时查看对应的资源位和监测对应的推广数据，总结以往参加的淘宝客活动的特点，如流量级别、佣金比率、是否提供更好的资源位、用户好评等，筛选出一批优质的淘宝客活动进行定期合作。由于单独报名的淘宝客活动佣金比率较高，所以某软香酥卖家在网店大促活动阶段报名参加。

2. 直通车

为了提升直通车引流能力，某软香酥卖家根据直通车报表，优化关键词和选款等，为网店引入更多的潜在用户。某软香酥卖家在访客高峰时间段加大直通车推广力度，提高关键词出价，让产品在网店访客高峰时间段得到更多的展现。卖家还在高峰时间段保证客服全员在线，根据网店访客时段分析，更科学地安排客服人员的排班。在访客低谷的时间段，相应地减少接待客服人员数量，安排客服在这个时间段换班休息。针对访客 TOP 排行靠前且转化率高的地区，某软香酥卖家在直通车推广时，选择一至两个展现量高但点击率较低的计划，选择其中访客量排行靠前的地区进行投放，如图4-51所示。

某软香酥卖家在完成网店运营调整的工作之后，需要对比分析优化前后的数据效果，对整体的优化方案进行总结，并结合活动前、中、后遇到的问题进行记录、分析，汲取经验和教训，分析营销活动、推广手段等的技巧和不足，这样可以为开展下次活动提供更准确的思路和方法。

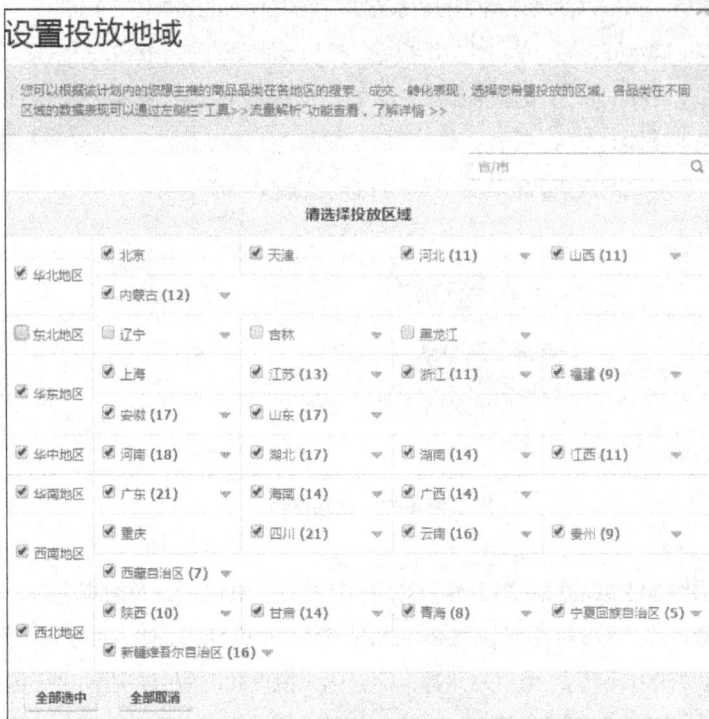

图 4-51　直通车投放地域设置

模块二　相 关 知 识

一、网店页面优化技巧

单页面优化具体包含以下六个步骤。

（一）标题优化

大部分用户是通过搜索关键词找到宝贝的，而且通过搜索关键词进入网店的流量质量相对好一些，所以宝贝标题的重要性不言而喻。宝贝标题中包含有效关键词的个数和关键词的有效程序将直接影响宝贝被搜索到的概率。

（二）页面打开时间优化

当用户搜索到卖家宝贝，却发现打开网页需要等很久时，很可能直接关闭页面，所以描述宝贝的图片不能太大，否则会影响页面打开速度。

（三）宝贝主图优化

用户通过搜索进入宝贝页面后，首先看到的是宝贝主图，所以宝贝主图一定要清晰，最好有放大镜的效果，可以让用户清晰地看到宝贝的每个细节。另外，5张宝贝主图应尽量上传全，从各个角度展示宝贝。

（四）展示网店促销信息优化

要让用户一进入商品页面就能看到网店里的各种活动，这样就算用户不喜欢这件宝贝，也能让他们浏览其他宝贝，而不是直接关掉页面进入其他网店。

（五）商品图片展示优化

页面中的商品图片应当是实拍图片，并且加上高清的细节特写，只有将宝贝的卖点突显出来，才能更大程度地吸引用户购买。

（六）商品描述优化

卖家可以针对不同宝贝的特点，选择性地添加品质介绍和风险承诺、好评截图、包邮或赠品详情、公司图片、售后须知等。

二、淘宝客后台的推广计划

（一）通用计划

通用计划是卖家开通淘宝客推广后默认开启的计划，主要方便淘宝客及时获取推广链接，帮助卖家推广，及所有的淘宝客都能够推广。通用计划内包括整店的产品，也可以对某几个特定产品单独设置佣金比率，单独设置过的产品推广成功后按照单独设置的佣金比率计算佣金，没有设置过的产品按照类目下设置的佣金比率计算佣金。卖家开启淘宝客推广后，通用计划是无法暂停和关闭的，任何淘宝客都可以去推广。具体的展示位置由淘宝客选择，可以是淘宝客的网站、社区、论坛等。

（二）活动计划

活动计划是卖家报名定向招商活动后的活动管理后台，可以查看已报名活动的数据效果。

（三）如意投计划

如意投是系统根据如意投设置将产品展现给站外用户的推广服务，对比传统淘宝客，有系统智能、投放精准、流量可控和渠道精准的特点，主要展示在爱淘宝搜索结果页，以及一些中小媒体橱窗推广位上。

（四）定向计划

定向计划是卖家为了淘宝客中某一个细分群体设置的推广计划。卖家可以让淘宝客在淘宝联盟前端看到推广计划并吸引广大淘宝客参加；也可以不公开计划，只和某些优质淘宝客达成协议，让卖家获取较大的流量，让淘宝客获取较高的佣金。

三、基础运营指标概念详解

（一）与流量相关的指标

（1）浏览量：网店或宝贝详情页被访问的次数，一个人在统计时间内访问多次记为多次。

（2）访客数：统计周期内访问网店页面或宝贝详情页的去重人数，一个人在统计时间范围内访问多次只记为一个。

（3）访问深度：用户一次连续访问的网店页面数。

（4）停留时间：来访网店的所有访客总的停留时长/访客数，单位为秒，多天的人均停留时长为各天人均停留时长的日均值。

（5）到达页浏览量：通过某来源入口给网店页面带来的浏览量。

（6）到达页浏览量占比：某来源的到达页浏览量/所有来源的到达页浏览量。

（7）回访客占比：之前有过网店访问记录的用户数/所有访问用户数，回头客越多，表示网店的老客户营销做得越好。

（二）与转化率相关的指标

（1）询问转化率：访客的用户中，前去询问客服的比率。

（2）询单转化率：询问客服的用户中，下单的比率。

（3）静默转化率：不经过客服询问直接下单的比率。

（4）全店成交转化率：成交用户数/访客数，全店成交转化率越大，说明网店的内部优化做得越好。

（5）宝贝成交转化率：某宝贝的成交用户数/某宝贝的访客数。

（6）跳失率：只访问了一个页面就离开的访客次数占该页面总访问次数的百分比。该值越低表示流量的质量越好。多天的跳失率为各天跳失率的日均值。

（三）与客单价相关的指标

（1）客单价：成交金额/成交人数，客单价反映网店每一个成交用户的价值，客单价越高，越有利于网店业绩的提高。

（2）重复购买率：一段时间内有过重复购买的用户数/总用户数。

（3）客户生命周期：超过一年以上不进店浏览的用户，从他第一次浏览网店，到最后一次浏览网店时间差的均值。

四、数据分析的含义

数据分析是指用适当的统计分析方法对收集来的大量数据进行分析，提取有用信息、形成结论，对数据加以详细研究和概括总结的过程。这一过程也是质量管理体系的支持过程。在实用中，数据分析可帮助人们作出判断，以便采取适当行动。

五、常见的数据分析方法

在当今互联网时代，数据每时每刻都在产生，有许多杂乱无章的数据，也有很多有结构的数据，对于不同的数据有着不同的处理方式，不同的处理方式也会得到不一样的呈现结果，常见的分析数据的方法主要有以下几种。

（一）聚类分析（Cluster Analysis）

聚类分析指将物理或抽象对象的集合分组成为由类似的对象组成的多个类的分析过程。聚类是将数据分类到不同的类或者簇这样的一个过程，所以同一个簇中的对象有很大的相似性，而不同簇间的对象有很大的相异性。聚类分析是一种探索性的分析，在分类的过程中，人们不必事先给出一个分类的标准，聚类分析能够从样本数据出发，自动进行分类。聚类分析所使用的方法不同，常常会得到不同的结论。不同研究者对于同一组数据进行聚类分析，所得到的聚类数未必一致。

（二）因子分析（Factor Analysis）

因子分析是研究从变量群中提取共性因子的统计技术，它从大量的数据中寻找内在的联系，减少决策的困难。

因子分析的方法有 10 多种，如重心法、影像分析法，最大似然解、最小平方法、阿尔法抽因法和拉奥典型抽因法等。这些方法本质上都属近似方法，是以相关系数矩阵为基础的，不同的是，相关系数矩阵对角线上的值采用不同的共同性估值。在社会学研究中，因子分析常采用以主成分分析为基础的反复法。

（三）相关分析（Correlation Analysis）

相关分析研究现象之间是否存在某种依存关系，并对具有依存关系的现象探讨其相关方向以及相关程度。相关关系是一种非确定性的关系，例如，以 X 和 Y 分别记一个人的身高和体重，或分别记每公顷施肥量与每公顷小麦产量，则 X 与 Y 显然有关系，但又没有确切到可由其中的一个去精确地决定另一个的程度，这就是相关关系。

（四）对应分析（Correspondence Analysis）

对应分析也称关联分析或 R-Q 型因子分析，它通过分析由定性变量构成的交互汇总表来揭示变量间的联系，可以揭示同一变量的各个类别之间的差异，也可以揭示不同变量各个类别之间的对应关系。对应分析的基本思想是将一个列表的行和列中各元素的比例结构以点的形式在较低维的空间中表示出来。

（五）回归分析（Regression Analysis）

回归分析是确定两种或两种以上变数间相互依赖的定量关系的一种统计分析方法。在实际中运用十分广泛，按照涉及的自变量的多少，可分为一元回归分析和多元回归分析；按照自变量和因变量之间的关系类型，可分为线性回归分析和非线性回归分析。

（六）方差分析（ANOVA/Analysis of Variance）

方差分析又称"变异数分析"或"F 检验"，是 R.A.费布尔（R.A.Fisher）发明的，用于两个及两个以上样本均数差别的显著性检验。由于受各种因素的影响，研究所得的数据呈现波动状。造成波动的原因可分成两类，一种是不可控的随机因素，另一种是研究中施加的对结果形成影响的可控因素。方差分析是从观测变量的方差入手，研究诸多控制变量中哪些变量对观测变量有显著影响。

六、电子商务数据分析

（一）电子商务数据分析概述

数据分析技术的不断成熟改变了企业的电子商务运营管理决策方式。企业通过对管理运作数据、业务运作数据、企业与客户的关系及互动数据进行采集和分析，可以深入洞察客户需求，完成对电子商务业务运营的及时管控。

1. 电子商务数据分析的含义

数据是事实，也称观测值，是实验、测量、观察和调查的结果，常以数量的形式给出。电子商务数据分析主要是通过处理大量存在的数据，发现其后隐含的规律，同时将其模型化，来辅助完成决策。未来电子商务的快速发展将更倚重于数据分析的有效运用，主要表现为以下几点。

（1）主客次序的转变

电商环境下，企业由传统的运营驱动数据转变为数据驱动运营，企业内部几乎所有的环节都可以用数据的形式展现。比如亚马逊每天有大量的基于运营的报表和数据要处理；其运营策略、市场推广策略的改变主要是依据数据，它的自动补货模型是基于时间序列和极值原理形成的，亚马逊公司最终都通过对这些数据进行分析有效地解决了完全依靠人工的订货与补货模式，大大提高了库存管理效率。

（2）关联性更加丰富

数据利用最大的弊端在于关联性把握不足，一旦将数据孤立地考量，有些核心的数据就会被遗漏或无法准确、全面地表达。以电子商务运营为基础的数据关联性将成为数据分析的基础，通过多维度、多视角的关联分析使核心数据的范围逐渐扩大，将某一行为产生的原因与合理性通过更多的数据标准加以展现，使之更加准确。如销售数据以销售额为核心，可以综合分析产品销售的区域性、售后的退换货、投诉率、订单的周期性及客户的忠诚度等多种指标。

（3）用户体验导向性

电子商务运营的核心目标是提升用户体验，网上购物平台可以记录大量消费者购买行为的数据，企业通过深入的研究，结合区域购买力、商品区域化、客户分层、购物周期、购物偏向性和投诉原因等诸多数据指标，可以为其实行差异化战略和精准式营销提供重要依据。

（4）数据的可视化

数据是一个比较抽象的概念，特别是面对海量数据的时候很容易让人摸不着头脑。数据分析可以通过简洁直观的图表加以展现，为数据分析和结果输出提供了非常好的视觉效果，从而更便于理解，使枯燥的数据变得生动形象。

2. 电子商务数据分析的作用

电子商务活动会产生大量数据，为数据分析提供丰富的基础，同时高性能计算机和高传输速率网络的使用也给数据分析提供了坚实的保障。通过数据分析可以看到用户从哪里来、如何组织产品可以实现很好的转化率及投放广告的效率如何等。下面介绍数据分析在电子商务几个方面的作用。

（1）获取新客户

利用数据分析可以有效地获得新客户。比如通过数据分析可以发现购买某种商品的消费者的性别、学历、收入、爱好与职业等，甚至可以发现不同人群对某种商品的回购周期。很多因素表面上看起来和购买该种商品不存在任何联系，但数据分析的结果却证明它们之间有联系。采用数据分析后，针对目标客户推送广告的有效性将得到大幅度的提高，从而降低获得新客户的成本。

（2）利于客户细分

随着"以客户为中心"经营理念的不断深入，分析客户、了解客户并引导客户的需求已成为企业经营的重要课题。通过对收集的交易数据进行分析，可以按各种客户指标（如自然属性、贡献度、交易额、忠诚度等）对客户分类，然后建立不同类型客户的行为模式，以便采取相应的营销措施。

（3）利于维持客户关系

通过数据分析对客户类型进行细分后，每个类型的客户拥有相似的属性，可以针对不同客户类型提供相应的服务来提高客户的满意度。数据分析还可以发现具有哪些特征的客户有可能流失，这样挽留客户的措施也能具有针对性。

（二）电子商务数据分析的衡量指标

本节主要根据网络营销的业务流程、内容和主要特征，将电子商务的数据分析指标分为流量指标、转化指标、推广指标、服务指标和用户指标五类一级指标。每类一级指标又分别由若干个二级指标组成。具体阐述如下。

（1）流量指标

流量指标主要用于描述网站访问者的数量和质量，是电子商务数据分析的基础。该部分指标主要包括访客数、回访客数、浏览量、人均浏览量、停留时间等。

访客数：在统计周期内，访问网站的独立用户数。网站的访客数指标是为了近似地模拟访问网站的真实人数，故"同一个人"（通常表现为同一客户端同一浏览器）多次访问网站，也仅记为一个访客，即UV。

浏览量：在统计周期内，访客浏览网站页面的次数。访客多次打开或刷新同一页面，该指标均累加，即PV。

人均浏览量：在统计周期内，每个访客平均查看网站页面的次数。

停留时间：访客在同一访问内访问网站的时长。实际应用中通常取平均停留时间。

（2）转化指标

转化指标主要是指访客和网站的交互状况，用于帮助网站判断是否达到了网站建设的预期目的。转化是一个泛化的概念，访客在访问网站的过程中，所有有价值的行为均可记为转化。对电子商务网站来说，通用的转化指标包括注册用户数、收藏用户数等。

注册用户数：在统计周期内，发生注册行为的独立访客数。

收藏用户数：在统计周期内，对网站或商品等对象进行收藏的访客数。

（3）推广指标

推广指标主要用于衡量企业所采取的推广行为的整体效果。通常，推广行为泛指以付费广告、软文等形式在互联网媒体上进行的宣传活动。该部分指标主要包括推广费用与展示时长等。

推广费用：网站花费在推广内容上的费用。

展示时长：推广内容展现的时间跨度，通常用来描述以展示时长定价的付费广告。

（4）服务指标

服务指标通常是指电子商务网站的服务水平。该部分指标主要包括咨询用户数、咨询响应用户数与咨询响应率等。

咨询用户数：利用各种通信工具进行业务咨询的访客数。

咨询响应用户数：获得客服反馈回应的咨询用户数。

咨询响应率：在统计周期内，咨询响应用户数占总咨询用户数的比例。

（5）用户指标

用户指标是指从有真实成交记录用户的角度来描述网站发展状况的相关数据。该部分指标主要包括新老用户比例、用户地域分析和重复购买率等。

新老用户比例：老用户比例越高，证明用户忠诚度越好。

用户地域分析：用户地域与订单地域分布基本一致，通常用于分析用户的分布比例及经济发达程度等，对于提升区域配送能力及服务水平较有帮助。

重复购买率：成交用户数在未来一段时间内再次发生成交的比例。

（三）电子商务数据分析的实施步骤

电子商务数据分析的过程主要由识别信息需求、确立合理关键绩效指标（KPI）、收集数据、分析数据、评估分析结果并提出改进措施等部分组成。

（1）识别信息需求

识别信息需求是确保数据分析过程有效的首要条件，可以为收集数据与分析数据提供清晰的目标。就过程控制而言，管理者应了解识别需求要利用哪些数据支持分析过程的合理性，并明确分析对象和目标。比如在电子商务数据分析中，我们的分析对象可能是广告投放状况、页面、访客或成交用户等，分析目标可能是找到销售额降低的原因，并提出可操作的改进措施等。

（2）确立合理 KPI

对分析对象确立合理的 KPI。合理的 KPI 包括关键指标的设定和对该指标的合理"预期"值。比如，分析网站一个按点击付费的广告效果，如果选择以点击单价和投资回报率作为关键指标，则需要为这两个指标设定合理的预期值，因为没有合理的预期值，难以判断做得好与坏，从而无法进行分析。预期值的设定需要我们对其他影响因素（如广告预算、网站商品的竞争力）和分析对象本身（如当前的点击单价是历史峰值还是低值等）都有客观的认识。确认了合理的预期值，就可以从不同角度进行进一步的分析评价，从而获得客观、有用的观点来指导决策。

（3）收集数据

收集数据是指从分析目标出发，排除干扰因素，正确收集服务于既定分析目标的数据。正确的数据对于实现数据分析目的将起到关键性的作用。在这个过程中需要对收集数据的内容、渠道及方法进行策划，将识别的需求转化为具体的数据要求。另外，数据收集负责人员还需要明确数据的收集时间、收集渠道和收集方法，防止数据丢失和虚假数据的干扰。

（4）分析数据

开始进入具体的分析数据阶段后，就要将收集的数据通过加工、整理和分析，使其转化为有效信息。通常情况下，分析数据并不需要复杂的分析算法或高端的分析软件，掌握"细分、对比和转化"的分析手段，就能满足电子商务的基础数据分析任务。

（5）评估分析结果并提出改进措施

企业在评估数据分析结果时，要注意数据是否真实和充分，数据分析方法是否合理，是否将风险控制在可接受的范围内，并根据分析结果找出问题的关键，制定相应调整和改善的措施，使问题得到解决或将负面影响降到最低。改进措施是最为关键的一步，也是很多数据分析工作中容易忽视的一步。另外，如果很多数据分析只是呈现结果，缺少解决问题的方案，将很难定义为一次成功的数据分析。

七、电商运营常用的数据分析软件

随着科技的进步与发展，以及大数据时代的到来，无论是电商企业本身，还是科技公司都开发了相应的数据分析软件，例如百度公司的百度指数，阿里巴巴公司的阿里指数等，这些数据分析软件节省了人们大量的时间，同时也提高了网商们的工作效率，进一步提升了店铺销量。下面介绍几种电商运营常用的数据分析软件，供读者参考。

（一）友盟+

功能：统计分析、运营工具，提供行业数据方案。

友盟+由友盟、缔元信和 CNZZ 三家公司合并而来。现今，它是全球领先的第三方全域大数据服务提供商，依托自主研发的全域数据平台，为客户提供一站式数据化解决方案。一方面提供数据产品，包括 APP 开发工具、基础统计工具、广告效果监测工具等，另一方面提供数据输出及专业的数据分析和咨询服务，包括数据管理平台（Date-Management Platform，DMP）、垂直领域数据化解决方案及数据运营分析报告等。图 4-52 是该公司网站的主页。

图 4-52　友盟+网站主页

在国内，获取用户的渠道是非常多的，如微博、微信、移动运营商商店、操作系统商店、应用商店、手机厂商预装、CPA 每次行动成本（Cost Per Action，CPA）计费广告及限时免费等，运营商可以通过"友盟+"评估渠道推广效果和用户质量，进而为后续的广告投放制定正确的推广策略和优化方向。

另外，当在豆瓣等论坛上发贴为专题页进行推广，想知道在豆瓣上有多少人点击了专题链接时，可输入 track.umeng.com/apps/（目前只能输域名进入），用友盟 track 生成一个具有统计作用的友盟短链。友盟 track 作为友盟升级成"友盟+"后抛弃掉的数据分析神器，可以快速地生成能够统计链接点击量的友盟短链，实现对每一个链接点击情况的跟踪。图 4-53 所示为友盟 track 为某网站统计的几个渠道的点击量。

图 4-53　友盟 track 的渠道推广点击量统计

（二）ASO100

功能：APP 实时排名、应用商店优化（APP Search Optimization, ASO）分析、评论追踪。

ASO100 是专业的 iOS 数据分析平台，ASO100 提供准确且详尽的 APP 排名变化。此外，它还提供 ASO 分析与数据查询工具，帮助我们更好地挖掘 APPstore 里能够获取客户的关键词。图 4-54 所示的界面为 ASO100 的主界面；图 4-55 为关键词扩展助手的界面。

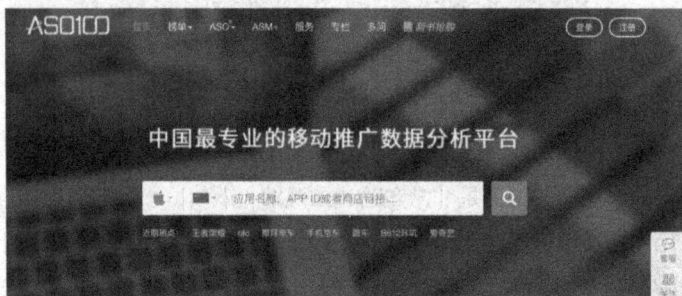

图 4-54　ASO100 主界面

ASO100 还能记录产品在较长时间里的排名情况，运营商可以通过它清楚地了解产品市场状况，研究行业同类竞品的推广情况，图 4-56 所示为 2015 年某段时间内各类跨境电商平台 APP 的下载数，依据排名情况，运营商能够找到最受欢迎的 APP，进而分析它，找到它的优势并加以学习借鉴来完善自身的 APP。

图 4-55　ASO 关键词拓展工具

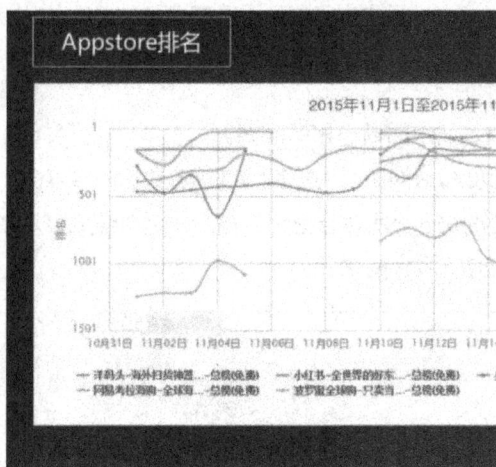

图 4-56　跨境电商某时间段下载排行走势图

（三）百度统计

功能：网站统计、推广分析、移动统计。

百度统计是百度推出的一款免费的专业网站流量分析工具，图4-57为其首页界面。它能够告诉运营商"用户是如何找到并浏览用户网站的，访客在网站上都做些什么"，这些信息可以帮助运营商改善访客在网站上的使用体验，不断提升网站的投资回报率。

百度统计提供几十种图形化报告，可以全程跟踪访客的行为。同时，和谷歌分析一样，百度统计也集成百度推广的数据，帮助用户及时了解百度推广效果并优化推广方案。

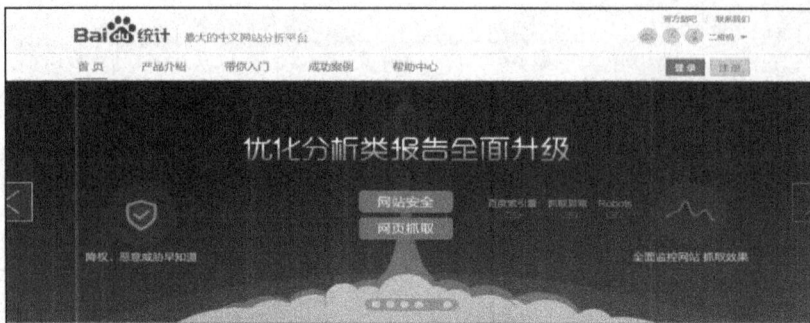

图 4-57 百度统计首页

目前百度统计提供的功能包括：订单分析、趋势分析、来源分析、页面分析、访客分析和一些搜索引擎优化中的常用工具。对运营商来说，百度统计最常规的一个使用场景就是在开发 H5 时让技术人员帮忙植入百度统计的代码，这样就可以通过百度统计清晰地掌握 H5 页面的访客数和流量来源及在线时长和互动点击情况。

（四）百度指数

功能：搜索指数、需求图谱、舆情洞察。

百度指数是以百度海量网民行为数据为基础的数据分享平台，是当前互联网乃至整个数据时代最重要的统计分析平台之一，自发布之日便成为众多企业运营决策的重要依据，其主界面如图 4-58 所示。

图 4-58 百度指数主界面

百度指数能够告诉我们，某个关键词在百度的搜索规模有多大，一段时间内的涨跌态势及相关的新闻舆论变化，关注这些词的网民是什么样的，分布在哪里，同时还搜了哪些相关的词，从而帮助用户优化数字营销活动方案。如在图 4-59 和图 4-60

所示的百度指数中的"整体趋势"中可以看出,"运营"关键词近 5 年的搜索趋势不断增长,运营岗位的关注度在不断升温,服务运营新人这个工作值得继续坚持。一到周末"运营"关键词搜索量就低,看来周末大家需要休息,学习热度不高,周末推送消息不是一种明智的选择。

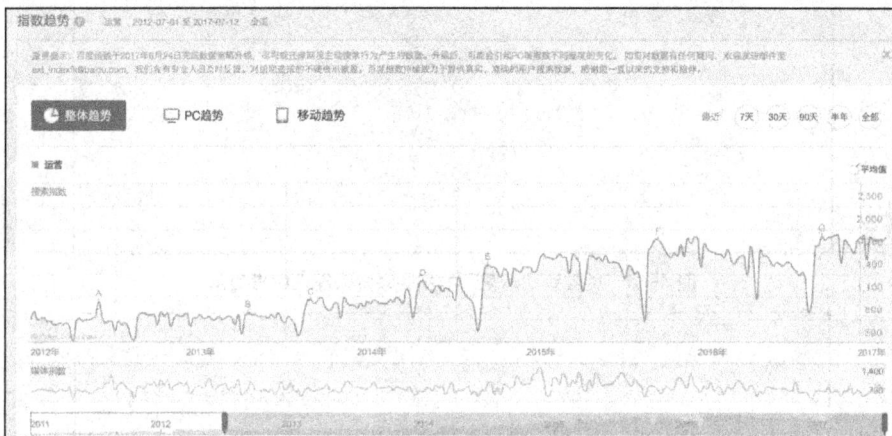

图 4-59   2012—2017 年关键词"运营"搜索指数趋势图

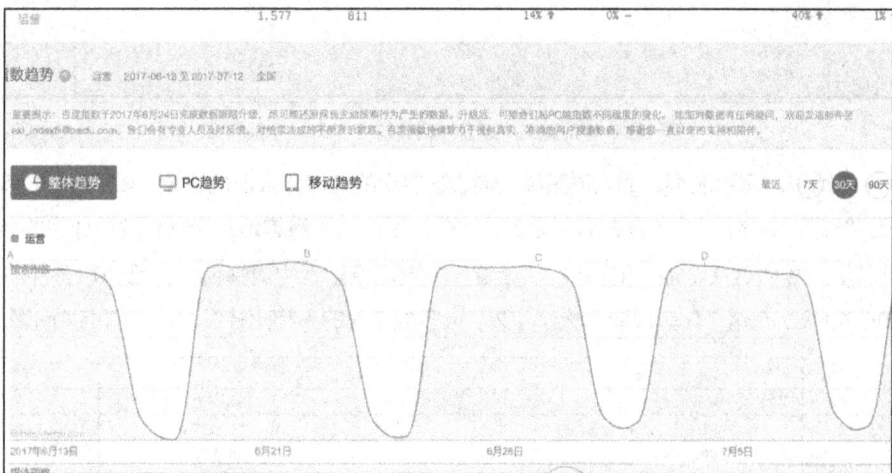

图 4-60   近 30 天关键词"运营"搜索指数趋势图

又比如从图 4-61 所示的需求图谱可以看出,"淘宝"与"公众号"搜索量不少,后续可以提升在淘宝运营和公众号运营方面的比重。

还可以利用百度指数的舆情洞察查看"运营"关键词搜索者比较关心的问题,如可以看到查看淘宝运营每天在做什么的人较多,如图 4-62 所示。

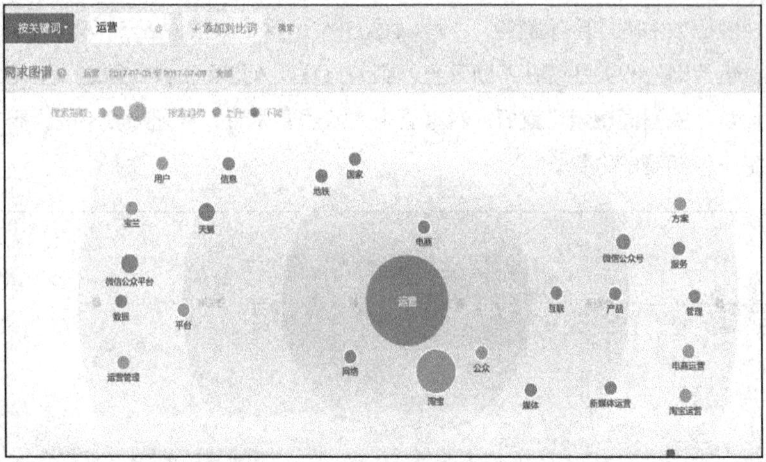

图 4-61　关键词"运营"的相关联搜索需求图谱显示

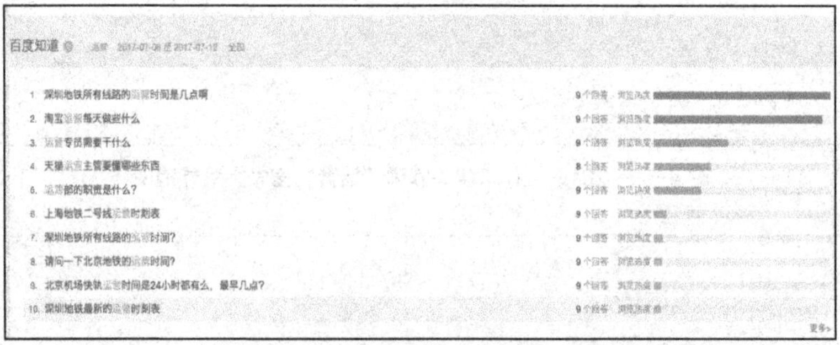

图 4-62　与关键词"运营"相关的关键词的排名情况

　　还可以利用百度指数的人群画像功能查看客户的地域和人群属性等，如图 4-63 所示。"运营"关键词搜索者集中在北京、广东、浙江、上海等地，后续有推广计划的话可以重点考虑这几个地方的投放。"运营"关键词搜索者中男性偏多，且 70%集中在 20～40 岁，在这个年龄段除了大学生外，大多数工作的人都比较关注运营的相关问题。

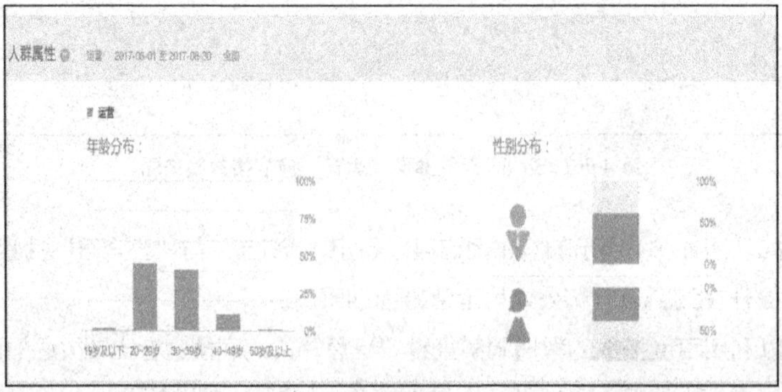

图 4-63　关键词"运营"的搜索请求人群属性分布

（五）社群空间

功能：社群签到、社群公告、社群数据分析。

社群空间是基于微信开发的第三方服务插件，提供群游戏、群签到、群公告和群数据分析等工具，帮助运营商高效地进行社群管理，实现数据化社群运营。使用社群空间服务的微信群，在用户进入社群的那一刻起，"加入、发言、签到、退出"等关键行为都会被记录数据。运营商能够清晰地知道每天的入群人数和退群人数，并能看到群的活跃度。社群空间主界面如图 4-64 所示。

图 4-64　社群空间主界面

活跃度=（群成员发言人数+群内成员访问社群空间人数−两者重复的人数）/群成员总数。通过社群空间自带的算法，可以知道微信群每天的活跃情况，当活跃度持续低于 40%时，建议踢除潜水不参与互动的会员，引入新会员。图 4-65 显示的是产品菜鸟汇旗下社群——运营研究社用社群空间做的用户活跃度监控图，大家可以感受一下社群的数据化管理。

↻刷新	群活跃度 ❓ 52%	入群人数 246	退群人数 82
今日	37%	0	1
昨日	76%	3	1
05-11	79%	1	5
05-10	87%	16	0
05-09	90%	87	23
05-08	73%	0	36
05-07	52%	0	0

图 4-65　运营研究社活跃度

（六）Group+

功能：发布活动、票务管理、数据分析和展示。

Group+（孤鹿）是国内领先的社群化运营工具，使用场景包含活动、众筹、问卷、调查表、打赏、影响力排行榜及短信等，助力社群运营更高效。从简单的活动编辑和发布开始，Group+能进行报名人员及微信头像等信息的沉淀，后台可自动智能化呈现活动传播和转化数据，提供多种贴近运营痛点的需求。运营商还可以将Group+用于活动发布、用户调研问卷、众筹、打赏和商品售卖，尤其是其中的标签功能和用户轨迹对流量、转化、传播渠道的监控是特别重要的功能，它能够帮助运营商清晰地熟知用户特征。Group+的主界面如图4-66所示。

图 4-66　Group+主界面

【同步实训】

一、实训概述

本项目实训为运营数据统计与分析，学生通过本项目的学习，能够完成数据采集方案的制定与实施、数据分析与运营调整并掌握相关的操作技能。

二、实训素材

安装有基本办公软件与制图软件的计算机设备。

三、实训内容

学生分组，并选出各组组长，以小组为单位进行实训操作。在本实训中，每小组根据指定的店铺或产品完成运营数据统计与分析工作。

任务一　数据采集方案的制定与实施

教师指定某店铺与商品，学生根据该店铺与商品完成数据采集方案的制定与实施工作。

数据采集方案的制定与实施	结合店铺与商品实际制定方案并实施

学生根据前期策划结果，进行实施，具体步骤如下。

1. 数据采集渠道。

2. 数据采集类型。

任务二　数据分析与运营调整

学生根据指定店铺和商品，完成数据分析与运营调整工作。

数据整理	排序、分组、简单计算
数据分析	使用 Excel 对数据进行分析
运营分析报告	包括分析报告说明、分析思路展示、数据分析展示、运营调整方案

四、考核评价

各个小组可以通过本实训的展示，由各小组学生完成本人的"自我评价"内容，本组组长完成"小组评价"内容，教师完成"教师评价"内容。

1. 评价表

评价项目	评价内容	评价标准	评价方式		
			自我评价	小组评价	教师评价
专业能力	任务一：数据采集方案的制定与实施（25分）	1. 数据采集的目的是否明确（5分） 2. 数据采集渠道的选择是否正确（5分） 3. 数据采集中是否包含流量、转化率、客单价等内容（5分） 4. 数据采集实施过程是否完整（10分）			

评价项目	评价内容	评价标准	评价方式		
			自我评价	小组评价	教师评价
	任务二：数据分析与运营调整（65分）	1. 是否掌握数据排序的方法（5分） 2. 是否掌握数据分组的方法（5分） 3. 是否可以完成简单的数据计算（5分） 4. 是否可以利用 Excel 进行数据分析（10分） 5. 分析报告说明是否简洁明确（10分） 6. 分析思路展示是否清晰（10分） 7. 数据分析展示是否正确（10分） 8. 运营调整方案的制定是否合理、可执行（10分）			
职业素养		1. 责任意识（4分） 2. 学习态度（3分） 3. 团结合作（3分）			
总分					
综合得分		教师根据学生的实训表现进行综合打分，其中自我评价占20%，小组评价占30%，教师评价占50%			

2. 教师根据各组实训进程及成果展示进行评价。

（1）找出各组的优点点评；

（2）找出展示过程中各组的缺点点评，提出改进方法；

（3）总结整个实训中出现的亮点和不足。

【巩固与提高】

单选题

1.（　　）属于常见的卖家数据采集渠道。

    A. 生意参谋　　　B. 阿里指数　　　C. 生意经　　　D. 以上都

2. 生意参谋平台包括（　　）模块。

    A. 经营分析　　　B. 实时直播　　　C. 市场行情　　　D. 以上所有

3. 以下（　　）不属于淘内免费流量。

    A. 淘宝搜索　　　B. 天猫搜索　　　C. 宝贝收藏　　　D. 爱淘宝